Die Deutsche Bibliothek – CIP Einheitsaufnahme
**Moers, Walter:** Kleines Arschloch – Der Film
Walter Moers/Hans Zippert.
Frankfurt am Main; Eichborn, 1997
ISBN 3-82118-2960-5

© Vito von Eichborn GmbH & Co. Verlag KG
Frankfurt am Main, Februar 1997

Grafik und Litho: Richard Reisen Repro, Düsseldorf –
unter Mitwirkung von Andreas Wolf, Düsseldorf
Druck und Bindung: Proost, B-Turnhout N.V., Belgien
ISBN 3-8218-2960-5
Verlagsverzeichnis schickt gern:
Eichborn Verlag, Kaiserstraße 66,
D-60329 Frankfurt am Main
http://www.kleines-arschloch.de

Der folgende Film beruht auf beinahe wahren Begebenheiten. Ähnlichkeiten mit lebenden Figuren sind beabsichtigt, konnten aber nicht immer hergestellt werden.

| | |
|---|---|
| K.A.: | Mahlzeit! |
| Mutter: | AHHHHRG! |
| Arzt: | Jetzt pressen! Pressen Sie!! |
| Mutter: | AAAAH - AAAARGH! |
| Arzt: | Gut so...! |
| Mutter: | YAAHHAGH! |
| Arzt: | Ja, schön weiterpressen! |
| Mutter: | AAAAAHGH! |
| Arzt: | Das haben wir gleich – ja, jah... |
| Mutter: | AAAHHH! |
| Beide: | JA - AH - AH - JA - JA - AH - JAH - AHA! |
| Arzt: | So, das hätten wir, gratuliere. |
| Mutter: | Was ist es, Herr Doktor? Was ist es? |
| K.A.: | PRRRRRFFZZ! |
| Arzt: | Es ist ein Arschloch! |

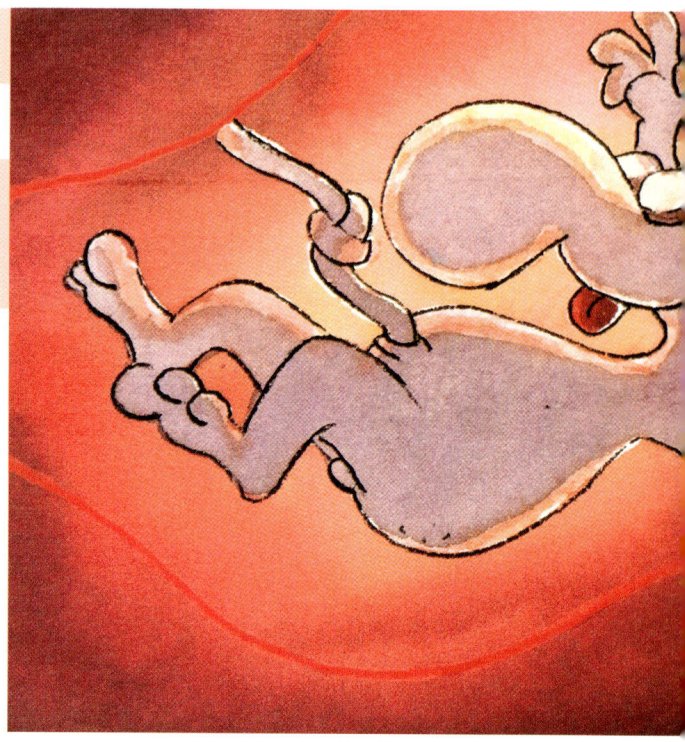

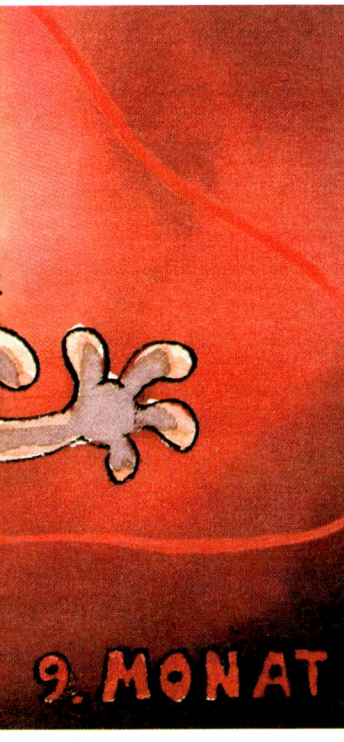

## Kaum zwölf Jahre später...

K.A.:    Ich bin der Satan, Baby – ich will dich braten, Baby
Hier ist es hundert Grad warm, Baby
Drum zieh dich nicht zu warm an, Baby
Was dir jetzt am besten stünde, wär' eine kleine Sünde.

Refrain:    SÜNDIGEN! Wir wollen SÜNDIGEN, dem Himmel kündigen
und nur noch SÜNDIGEN und für unsere Taten – in Ewigkeit
hier braten.

SÜNDIGEN! Wir wollen SÜNDIGEN, dem Himmel kündigen
und nur noch SÜNDIGEN.

„Jetzt pressen! Pressen Sie!"

„Aaah – Aaaaargh!"

PRRRRRFFZZ!

„Es ist ein Arschloch"

K.A.: Ich bin ein kleines Arschloch, Baby
Ein kleiner Satansbraten, Baby
Du bist mein neuer Brathahn, Baby
Drum zieh dich nicht zu warm an, Baby
Was dir jetzt am besten stünde, wär' eine kleine Sünde.

Refrain: SÜNDIGEN! Wir wollen SÜNDIGEN, dem
Himmel kündigen
und nur noch SÜNDIGEN.
SÜNDIGEN! Wir wollen SÜNDIGEN, dem
Himmel kündigen
und nur noch SÜNDIGEN.
SÜNDIGEN! Wir wollen SÜNDIGEN, dem
Himmel kündigen
und nur noch SÜNDIGEN.

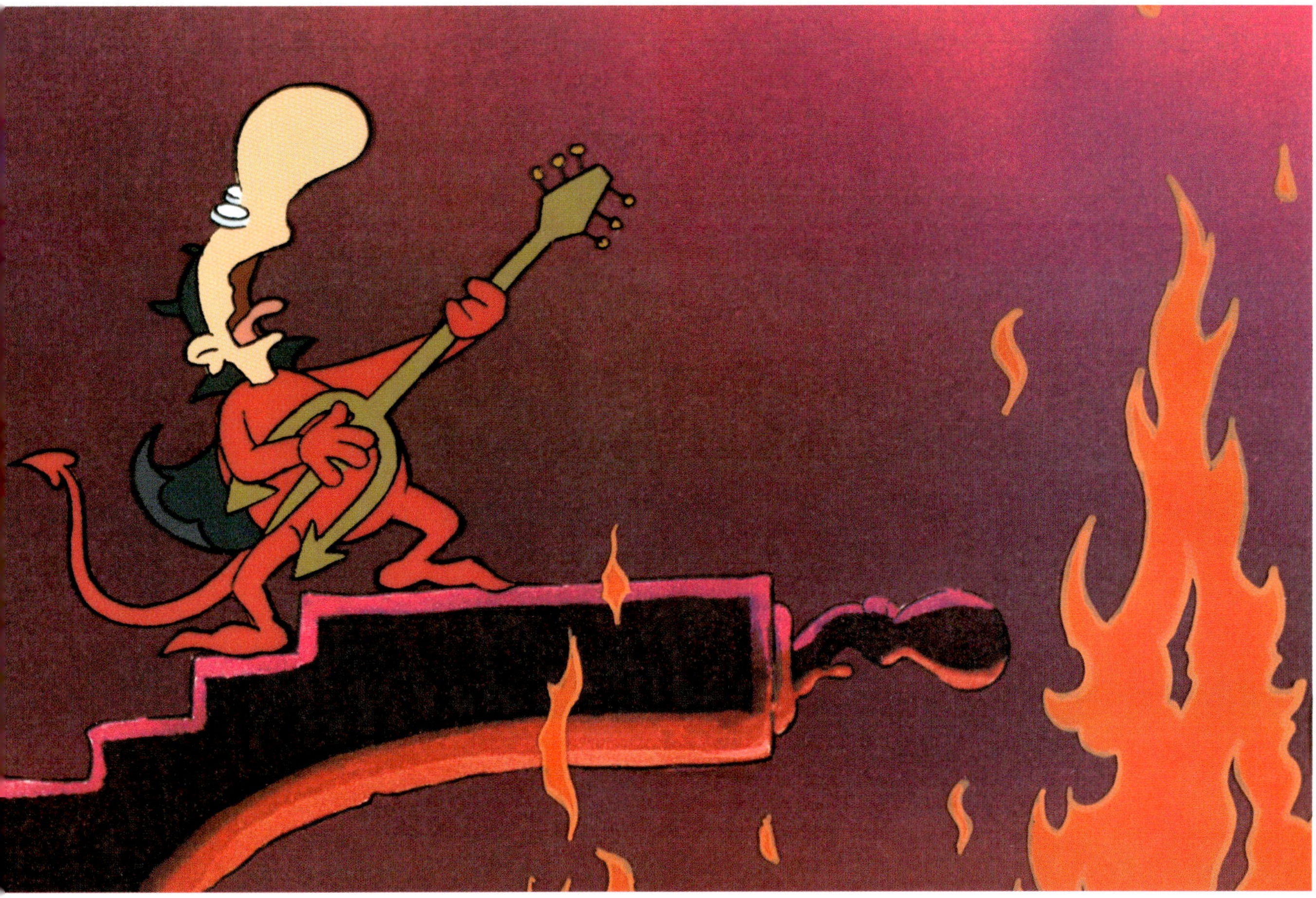

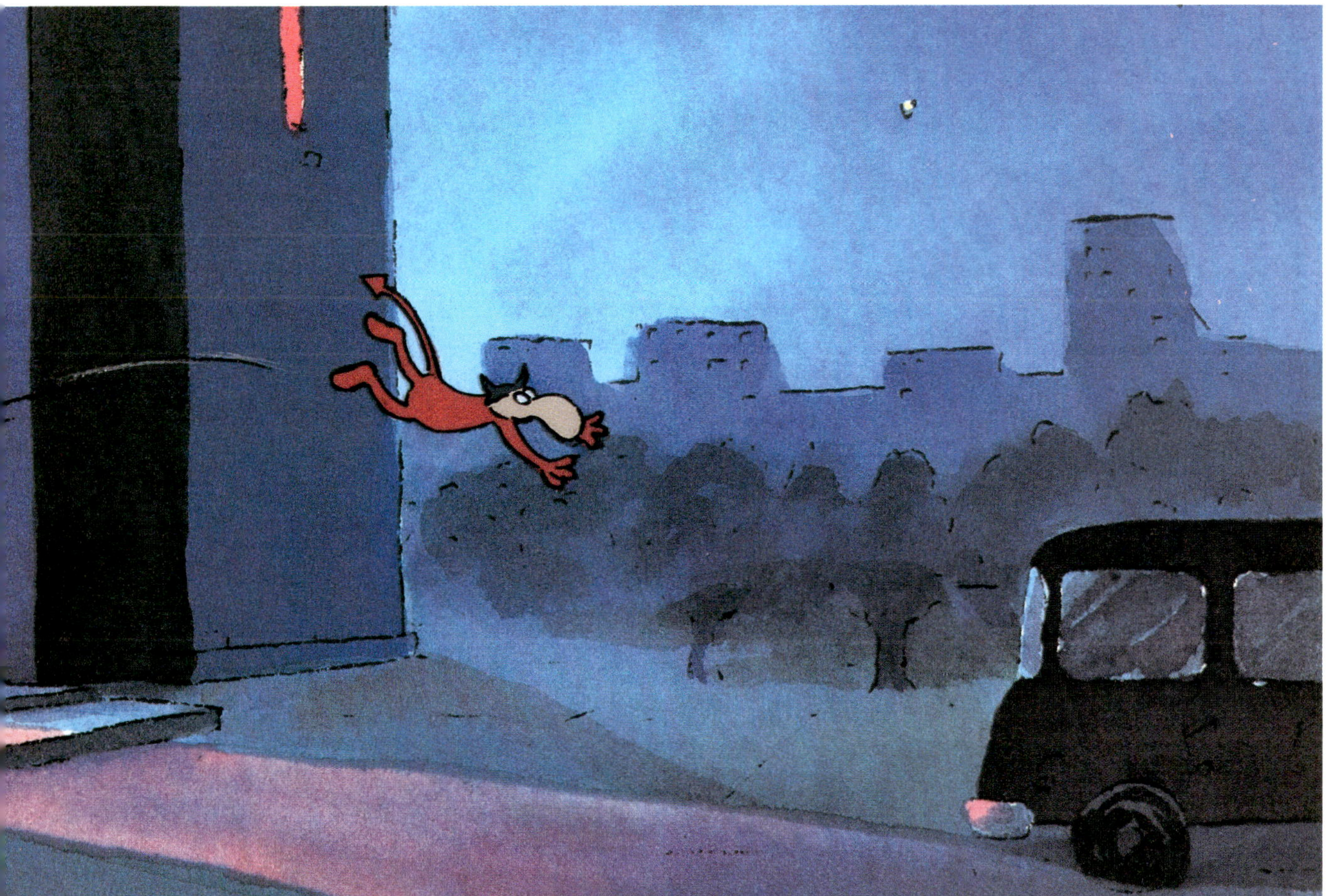

### Am nächsten Tag...

*Liebes Tagebuch, der Auftritt meiner Gruppe auf dem Welt-kirchentag war nicht ganz von dem Erfolg gekrönt, den ich mir erhofft hatte. Dies sind schwere Tage! In vielen Ländern der Erde herrschen Elend und Not, Kriege werden geführt, Seuchen bedrohen die Menschheit, und wenn ich übermorgen mein Biologierefe-rat vergeige, kriege ich eine Sechs und bleibe sitzen. Aber ich gebe nicht auf! Ich werde meinen Kampf für eine bessere Welt fort-führen, bis sich die ganze Menschheit singend in den Armen liegt... Doch horch, was geht da vor? Ich muß wohl einen Kon-trollgang vornehmen, liebes Tagebuch!*

**K.A.:**    MAHLZEIT!

**Vater:**    Ach du Scheiße!

**Mutter:**    Was – was willst du denn hier?

*„In vielen Ländern..."*

| | |
|---|---|
| K.A.: | Ich sorgte mich, Mutter! Ich hörte sehr seltsame Geräusche! Wie von kranken Tieren, die sich übergeben... |
| Vater: | Hier sind keine Tiere! |
| Mutter: | Äh... Papa und ich wollten gerade... äh... die äh... Betten machen... und... äh... |
| K.A.: | Haha, aber Mutter! Ich weiß, was hier vorgeht! Schäme dich nicht!<br>So bin ich gemacht worden! Ich bin die Frucht deines Leibes! |
| Mutter: | Ach!? |

| | |
|---|---|
| K.A.: | Jaja! Vater ist mit seinem Penis in deine Vulva – oder Lustgrotte – eingedrungen... Das geht auch von hinten oder atergo, wie ihr es gerade sehr eindrucksvoll demonstriert habt, obwohl es die katholische Kirche nicht sehr gerne sieht. Auf dem Höhepunkt seiner sexuellen Bemühungen hat er seinen Samen, eine schleimige Flüssigkeit von eitriger Konsistenz und dem Geschmack von kalorienreduzierter Salatsoße, in dich abgesondert – baah –, seine Spermien, wieselflinke, lustige Gesellen, sind dann zur Gebärmutter vorgedrungen, wo sich eines davon, das mit dem größten Durchsetzungsvermögen, mit der weiblichen Eizelle vereinigte,... Dort schwimmend im Fruchtwasser und genährt vom Mutterkuchen, wächst der Embryo heran, erst winzig und ungestalt, dann aber unaufhaltsam an Größe und Form gewinnend, und kaum neun Monate nach diesem vielleicht unüberlegten Akt der Begierde wird ein neues Menschlein geboren! So bin ich entstanden! Euer Sohn! Das Wunder des Lebens! Aber laßt euch nicht weiter stören! Um diese Tageszeit soll die weibliche Schleimflora am fruchtbarsten sein! |

| | |
|---|---|
| Vater: | Äh, sollen wir weitermachen? |
| Mutter: | Ich weiß nicht! |
| Vater: | Sag mal..., nimmst du eigentlich die Pille im Moment? |
| Mutter: | Nö! |
| Vater: | Äh, dann lassen wir das mal lieber! |

## Zur selben Zeit, zwei Zimmer weiter...

**Schwester:** Wo zum Teufel ist mein roter...

**K.A.:** MAHLZEIT!

**Schwester:** AH! Du altes Ferkel! Kannst du nicht anklopfen?!?

**K.A.:** Warum bedeckst du deine Blößen? Du bist meine Schwester! Ich begehre dich nicht!

**Schwester:** Das hätte mir gerade noch gefehlt! Was willst du denn schon wieder?

**K.A.:** Ich bringe dir deinen Anteil, hier.

**Schwester:** Anteil? Was für 'n Anteil?

**K.A.:** Fünf „TEX, DER TAPFERE GRENZREITER"-Hefte. Gut erhalten.

**Schwester:** „TEX, DER TAPFERE GRENZREITER"?

**K.A.:** Ganz recht! Der Garant der Gerechtigkeit in rechtloser Zeit! Der Mann mit dem großen Hut, äh, der Mann mit dem kleinen Hut und dem großen Herzen! Querformat!

**Schwester:** Was soll ich mit dem Scheiß?!!

**K.A.:** Schon gut! Du brauchst dich nicht zu bedanken! Ich habe sie gegen deinen roten Slip getauscht... mit meinem Freund Kalle Klammroth!

**Schwester:** Du hast was??? Du hast meinen Slip getauscht? Gegen fünf „TEX, DER TAPFERE GRENZREITER"-Hefte?!??

**K.A.:** Insgesamt zehn! Fünf für dich, fünf für mich!

**Schwester:** Bist du bescheuert? Der Slip war von „Malizia"! Der hat vierzig Mark gekostet!

**K.A.:** Mach dir über den Tauschwert keine Gedanken! Die sind in zwanzig, dreißig Jahren ein Vermögen wert.

**Schwester:** Ach ja? Und was will dieses kleine Ekel mit meinem Slip?

**K.A.:** Na, reinwichsen! Er liebt dich.

**Schwester:** WAS! Du meinst, da sitzt jetzt dieser pickelige kleine Blödmann in seinem Zimmer und onaniert in meinen besten Slip???

**K.A.:** In der Waschküche! Kalle onaniert immer in der Waschküche.

**Schwester:** Ich fasse es nicht. Ich fasse es einfach nicht!

**K.A.:** Ich weiß. Ich weiß, was du empfindest! Du fühlst dich gedemütigt. Verletzt in deiner Würde als Frau, nicht wahr? Ich verstehe deinen Schmerz, aber ich habe dich gerächt.

**Schwester:** Na, da bin ich aber beruhigt. Wie das denn?

**K.A.:** Ich hab' vorher in den Slip reingepißt. Und Kalle glaubt, es war von dir und hat noch zwei Hefte draufgelegt.

*Das geistige Niveau meiner Familie verhält sich zu meinem eigenen wie ein Tiefseeschwamm zu Albert Einstein, liebes Tagebuch! Sie sind wie Tiere, schamlos und triebhaft. Du glaubst nicht, wobei ich meine Eltern gerade erwischt habe... Meine Schwester ist auch nicht besser. Schamlos rekelte sie sich in ihrer makellosen Nacktheit vor mir. Sanft brach sich das Licht an ihren steil ragenden Nippeln, während ihr Venusflaum zwischen ihren festen Schenkeln schimmerte wie ein Strom aus flüssiger Seide. Manchmal komme ich mir vor wie ein moderner Robinson Crusoe auf einer Insel voller nackter Wilder, wie ein Raumfahrer, gestrandet auf dem Planet der Affen. Drei Dinge sind es, die mir Kraft geben, all dies durchzustehen: die Liebe zur Musik, mein Engagement für eine bessere Welt und Inge Koschmidder. Ja, liebes Tagebuch, ich bin verliebt, verliebt in eine ältere Frau. Das mag schockierend klingen, aber... Ich muß schließen, liebes Tagebuch. Großvater muß bewegt werden. Außer mir kümmert sich ja niemand um den Alten Sack.*

## Spazierfahrt mit dem Alten Sack

**Alter Sack:** Ich will nicht spazierengeschoben werden!

**K.A.:** Hast du heute schon die Nachrichten gehört? Sie haben ein Mittel gegen deine Sorte Krebs gefunden!

**Alter Sack:** Was? Was?

**K.A.:** Ja, es heilt in Sekunden, schmeckt wie Oralverkehr, wirkt wie Kokain und kostet eine Mark!

**Alter Sack:** Und die Nebenwirkungen?

**K.A.:** Es macht reich und berühmt.

**Alter Sack:** Du bist ein Spaßvogel, stimmt's?

**K.A.:** Ich wollte nur nett sein. Wo du's doch nicht mehr lange machst.

**Alter Sack:** Ich bin noch nicht auf dem Friedhof!

**K.A.:** Das läßt sich ändern!

**Alter Sack:** He, was soll das? Wo fährst du mich hin?

**K.A.:** Eine Abkürzung!

**Alter Sack:** Ich will nicht auf den Friedhof!

**K.A.:** Da müssen wir früher oder später alle hin. Du früher, ich später. Haha!

**Alter Sack:** Friedhöfe machen mich nervös.

**K.A.:** Es ist alles ein Werden und Vergehen.

**Alter Sack:** Ach ja, dann vergehe ich euch wohl nicht zügig genug? Ich soll schon mal probeliegen, oder was?

| | |
|---|---|
| Alter Sack: | HAAALT! STOP!! Heu, jeu, jeu, jeu, jeu! |
| K.A.: | **Oh, Mann, sieh mal, all** die Würmer und Maden, die Geier des Erdreichs! Was wohl passiert, wenn ich diesen Apfel da runterwerfe? |

| | |
|---|---|
| Würmer: | Mjamm, mjamm, mjamm, mjamm! |
| K.A.: | Hey! Was ist denn da los? |
| Alter Sack: | Eine Beerdigung! Laß uns bloß verschwinden! |
| K.A.: | Warte mal, sind das nicht die Mollendonks von nebenan? |

| | |
|---|---|
| Alter Sack: | Allerdings, Hubert wird heute beerdigt, der alte Drecksack! |
| K.A.: | Aber Großvater, Hubert war doch mal dein bester Freund! Über die Toten nur Gutes! |
| Alter Sack: | Wieso? Ist Abkratzen neuerdings ein Verdienst? Jeder kann das, sogar Hubert! |
| K.A.: | Die ganze Familie Mollendonk ist da. |
| Alter Sack: | Kein Wunder, es gibt ja auch was zu erben! |
| Priester: | Liebe Trauergemeinde, wir haben uns hier versammelt... |
| Alter Sack: | ...um sicherzugehen, daß er auch wirklich verscharrt wird! |

| | |
|---|---|
| Priester: | ...ähem..., um einem das Geleit zu geben, dem die christliche Nächstenliebe nicht nur vertraut war, sondern der sie auch praktiziert hat! |
| Alter Sack: | Allerdings! Er hat mit meiner Frau gefickt! Mein bester Freund! |
| K.A.: | Großvater! |
| Alter Sack: | Ist doch wahr! Während ich auf Spätschicht war, die alte Drecksau! |
| Priester: | Äh..., es mag sein, daß der Verblichene nicht ohne Fehl war, aber wer wirft angesichts |

| | |
|---|---|
| | des Todes den ersten Stein? |
| Alter Sack: | ICH! ICH! ICH! Gebt mir einen Stein! Ich mach's! |
| Priester: | Ich bitte Sie! Wir sind doch alle Christen! |
| Alter Sack: | Ich nicht! Ich bin aus der Kirche ausgetreten! Schon ewig! |

**K.A.:** Komm, laß uns gehen...

**Alter Sack:** Ich bezahl' doch kein Geld dafür, daß ich mit Typen wie euch die Ewigkeit verbringen muß. Ich will in die Hölle! Heil Satanas! Abraxas!

**Priester:** Ich muß Sie bitten, den Gottesacker sofort zu verlassen. Und lassen Sie sich nie wieder hier blicken!

**K.A.:** Bist du jetzt zufrieden?

**Alter Sack:** Allerdings! Genauso stellt sich doch ein Atheist die Unsterblichkeit vor: Lokalverbot auf dem Friedhof.

**A.S. & K.A.:** Har, har, ha, ha! Ha, ha, ha, ha!

## Es muß Liebe sein...

*Großvater riecht zwar etwas streng aus dem Hals, ist aber sonst eigentlich ganz in Ordnung. Fast schade, daß er demnächst sterben muß, er wird mir fehlen, irgendwie... Andererseits kriege ich dann sein großes Zimmer, aber wo war ich stehengeblieben? Ah ja, die Liebe! Jawohl, liebes Tagebuch, ich bin verliebt... Ich wußte gar nicht, daß dieser Gemütszustand das logische Handeln derart außer Kraft setzt. So trage ich jetzt in diesem Augenblick Vaters Calvin Klein-Unterhosen als Kopfbedeckung... Mir war einfach danach.*

**Vater:**    Scheiße! Verdammte Scheiße!

*Irgendwie...*

**Vater:**    Verdammte Sau-Drecks-Arsch-Scheiße! Gott-verdammter Arsch-Sausack! Drecksauscheiße! Scheißdreck! Wo ist das kleine Drecksau-Arschloch?!

*Man wird regelrecht immun gegen negative Einflüsse. In Brasilien stirbt der Regenwald, ich werde voraussichtlich das Klassenziel nicht erreichen...*

**Vater:**    Ich dreh' ihm den Hals um, der kleinen Drecksau! Scheiße, Quirl-Kacke-Sauscheiß-Mist-Drecksau!

*...und Vater tobt marodierend durch unser Haus.*

**Vater:**    Drecksau-Mistkacke-Quirl-Arsch! HEEYYY! HEY! HEY! Auf-ma-chen! Wo ist meine Un-ter-ho-se?

*Aber ich denke nur an eins, an die Liebe... Liebe, Liebe. Objekt meiner Begierde ist Inge Koschmidder. Inge ist 76 und schon ein bißchen hinfällig, aber ich scheiße auf sexuelle Tabus! Auch hier müssen Grenzen eingerissen werden. Vorgestern war ich bei Inge, um ihr meine Liebe zu gestehen...*

**Inge K.:**    Hohohohohoho!

*Es waren wahrscheinlich die Nerven. Frauen sind in diesen Dingen ja generell etwas zögerlicher als Männer. Ihr Herz sagt ja, aber ihre feministische Gehirnhälfte sagt nein. Nach einer halben Stunde klingelte ich wieder bei Inge. Zeit genug, um sich über ihre Gefühle klar zu werden. Was für ein Teufelsweib! Sie wollte mir damit signalisieren: Nimm mich, erobere mich! Das kann sie haben! Heute beginnt die Offensive, der Sturm auf Inges Herz, und der Weg zum Herz einer Frau führt natürlich durch ihr Ohr.*

## Marmor, Stein und Eisen bricht...

K.A.:   Ähem. Weine nicht, wenn der Regen fällt,
damm damm, damm damm
Es gibt einen, der zu dir hält, damm damm,
damm damm
Marmor, Stein und Eisen bricht, aber unsere
Liebe nicht,
Alles, alles geht vorbei, doch wir sind uns treu.

Kann ich einmal nicht bei dir sein, damm
damm, damm damm
Denk daran, du bist nicht allein, damm damm,
damm damm
Marmor, Stein und Eisen bricht, aber unsere
Liebe nicht,
Alles, alles geht vorbei, doch wir sind uns treu.

Nimm den goldenen Ring von mir, damm
damm, damm damm
Er war sauteuer, das sag' ich dir, damm damm,
damm damm

*Dann kreuzten leider die verdammten Bullen auf und been-
deten die Vorstellung. Sie hätten mir gerne was angehängt, aber sie
mußten mich laufen lassen, weil ich noch minderjährig bin.*

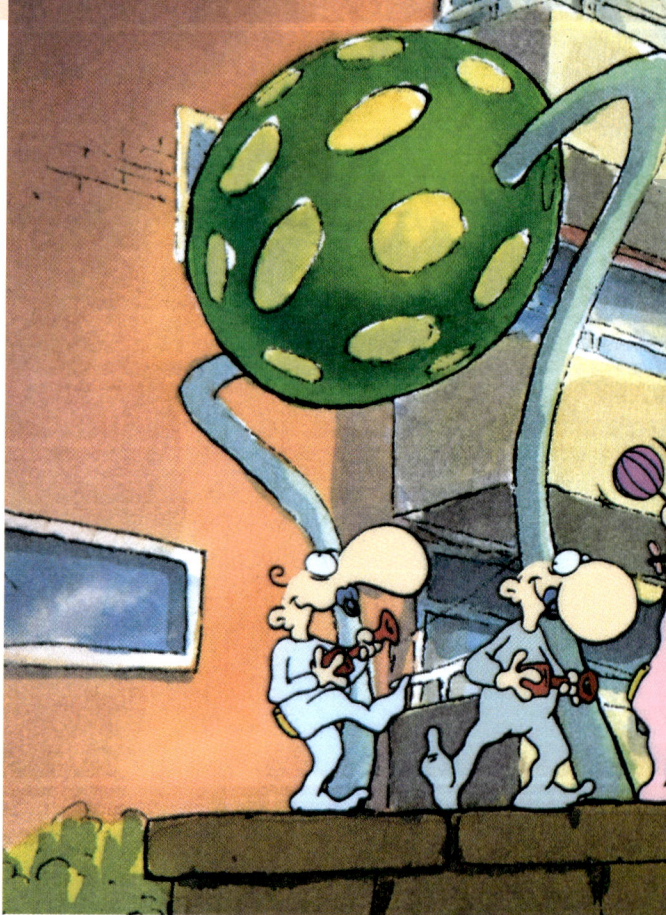

K.A.:   Ähem. Weine nicht, wenn der Regen fällt,

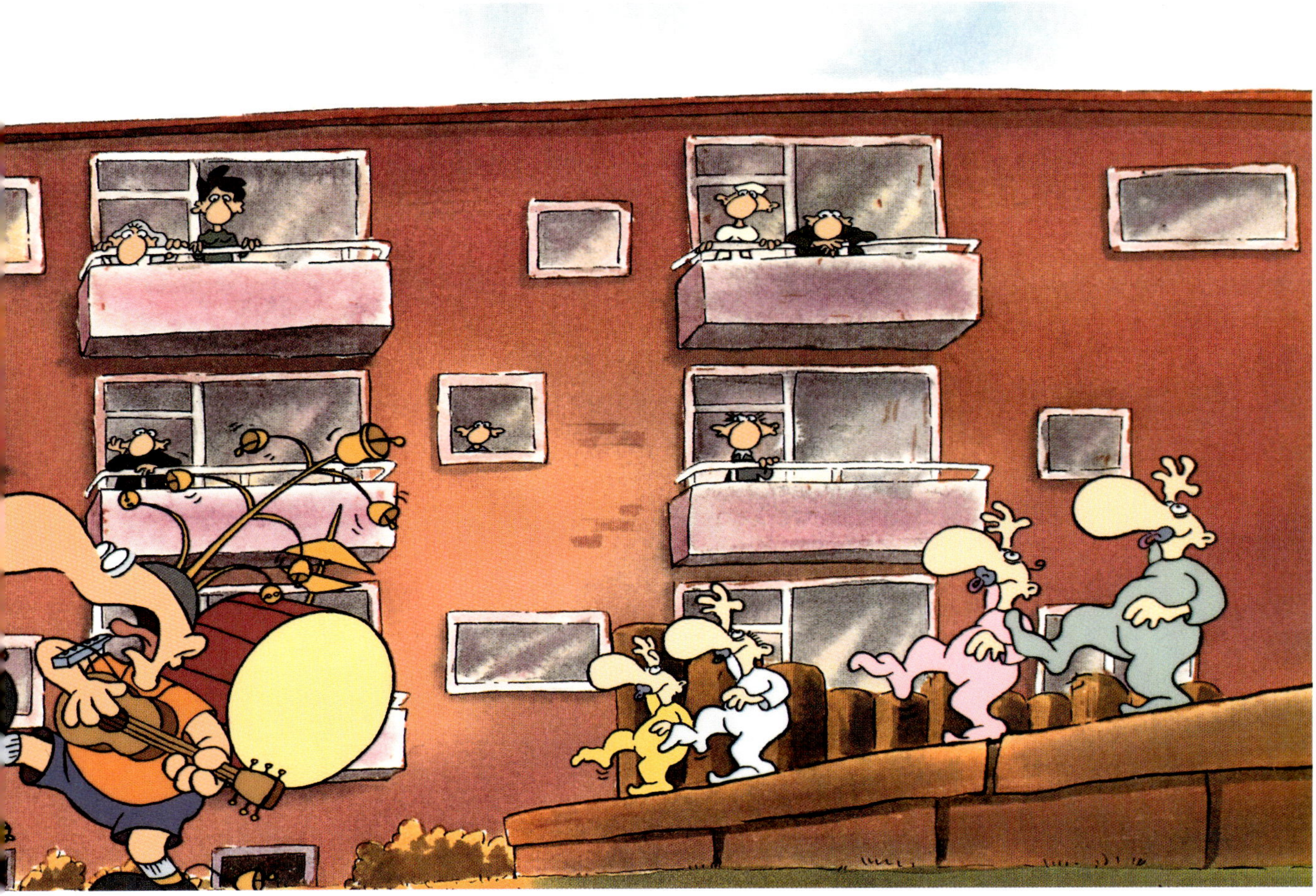

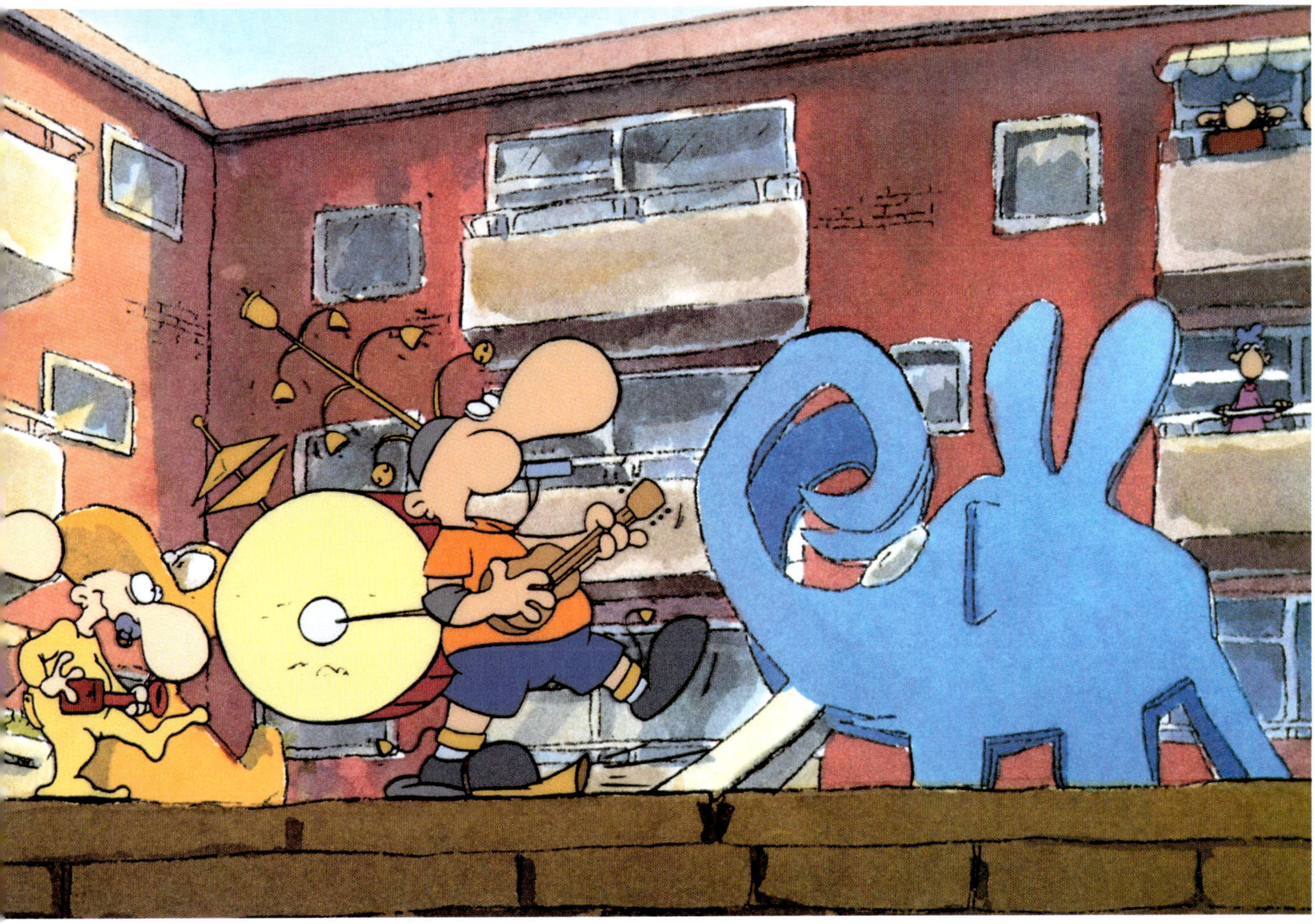

„...heute beginnt..."

„Brääääääerrr..."

„Bräää bräää..."

„…kennt keinen Mittagsschlaf"

# Interview mit einem Arschloch

**Panel 1:** Wir haben Toilettenpapier mit dem Kleinen Arschloch, wir haben ein zweiteiliges Puzzle für Doofe mit dem kleinen Arschloch, jetzt sollen wir auch noch einen Film mit dem Kleinen Arschloch bekommen! Muß das sein?

**Panel 2:** Mit dem Tod von Rainer-Dieter Fassbinder hat der deutsche Film seine Identität verloren. Diese Lücke möchte ich ausfüllen.

**Panel 3:** Rainer-Werner Fassbinder! — Oder so — Was sind ihre cineastischen Vorbilder? — John Ford und Cicciolina.

**Panel 4:** Wieso...äh... John Ford? — John Ford hatte immerhin den Längsten Pimmel der Filmgeschichte

**Panel 5:** Verwechseln sie das jetzt nicht mit John Holmes? Dem Pornodarsteller? — Genau! Ich wußte, daß es irgendwas mit John war!! John Holmes! Der auch "Cockroach" gedreht hat!

**Panel 6:** Sie meinen "Stagecoach". — Oder so

**Panel 7:** Das war jetzt wieder John Ford — Der Regisseur.

**Panel 8:** Sie sagen es! — Ein Meisterstecher.

## Peppi

K.A.: Was für ein Tag, aber der Sozialrevolutionär kennt keinen Mittagsschlaf, denn ich habe ja unter anderem auch den Artenschutz auf das Banner meines Engagements geschrieben. Gleich muß ich noch Peppi ausführen. Sicherlich wartet er schon ungeduldig winselnd auf meine Ankunft. Weißt du, was ich letzte Nacht geträumt habe, Peppi? Ich habe geträumt, ich hätte einen Hund. Einen richtigen Hund, weißt du, keinen Leihhund ohne Stammbaum, wie dich. Ein echter Rassehund war das. Du kamst auch in dem Traum vor. Mein Hund hat dich aufgefressen. Merkwürdiger Traum, nicht wahr? Siehst du dieses Stöckchen? Feines Stöckchen, nicht wahr? Eigentlich ist es bloß ein ganz gewöhnliches, blödes, vertrocknetes Dreckstöckchen, aber wenn ich es werfe, werden deine animalischen Instinkte dich zwingen, hinterherzuhecheln wie hinter einer läufigen Dalmatiner-Hündin. Hol Stöckchen! Ha, ha, ha, ha, ha, ha, ha, ha. Der älteste Hundewitz der Welt. Klappt jedesmal. Das ist euer Fehler. Ihr seid zu dämlich. Das ist auch der Grund dafür, daß ihr uns die Zeitung hinterhertragt. Eine Katze würde sowas niemals tun, nicht mal ein Hamster. Oh, guck mal, Peppi, ein Häufchen von der Konkurrenz. Na, was iss? Der Ruf der Wildnis. Willst du nicht wenigstens mal dran schnuppern?

Tja, dann muß ich wohl den Wolf in dir wecken. Erst mal mußt du Witterung aufnehmen. Das ist ganz wichtig. So, und jetzt mußt du deinen Haufen danebensetzen. Das nennt man Markierung! Peppi, Peppi. Ich mache mir wirklich ernsthaft Sorgen um deine natürlichen Instinkte.

Sieh nur, Peppi, dein Erzfeind... Und gleich drei Stück davon. Sieh doch, wie diese sadistischen Geschöpfe diese kleine, wehrlose Maus quälen. Das ist deine Chance zur Bewährung. Diese rohen Gesellen! Aber sie haben ihre Rechnung ohne SUPERPEPPI gemacht! Peppi, Peppi, Peppi, Peppi, Peppi, Peppi, Peppi. Weißt du, was dein Problem ist, Peppi? Du läßt deine Deckung zu weit offen.

## Tribute to Johnny Cash

K.A.:    Sind wir nicht alle irgendwo
Wie Brummis in der Nacht?
Auf der Fahrt nach nirgendwo
Mit zweifelhafter Fracht?

Ist unter uns die Autobahn
Nicht wie ein schönes Weib?
So kurvenreich und anschmiegsam
So wie ein nackter Leib?

Ist das Leben, ist das Sein
Nicht wie ein Country-Song?
Einmal raus und einmal rein
Und hart wie Spann-Beton?

Oh Mann, bei den Metaphern
Da graust es ja ein Schwein
Sowas gefällt nur Kaffern
Das kann nur Country sein!

Denn wo Lastwagen brummen
Wo Country-Music läuft
Da sitzen gern die Dummen
Weil Dummheit gerne säuft!

Das ist der Anti-Country-Song,
Das Anti-Country-Lied
Jeder, der gerne Country hört
Hat ein kurzes Glied!

Ich scheiße auf Hank Williams
Ich scheiß' auf Johnny Cash
Ich scheiß' auf Dolly Parton
Bei Country wird mir schlecht!

Wer Country hört, ist Kommunist
Und treibt es gern mit Schweinen
Aber weil er so feige ist
Auch nur mit ganz kleinen!

Das ist der Anti-Country-Song,
Das Anti-Country-Lied
Jeder, der gerne Country hört
Hat ein kurzes Glied.

*Ich muß einen Schutzengel haben, liebes Tagebuch, sonst wäre ich nicht als einziger da unverletzt rausgekommen, während die Jungs die eine oder andere Faust schmecken mußten. Nun, vielleicht gibt ihnen das Kraft für ihren weiteren Lebensweg. WUAHHH! Ein Uhr dreißig! Höchste Zeit für ein paar abschließende sexuelle Experimente. Vielleicht kriege ich diesmal meinen ersten Samenerguß! Es wäre langsam an der Zeit. Kalle Klammroth hat schon 24, behauptet er jedenfalls.*

## Die große Illusion

**Vater:** Hört ihr das? Hört ihr die Ruhe? Ja, man kann sie hören, fühlen, riechen, schmecken. Aaaaah, diese kosmische Ruhe. Das Schweigen im Walde. Keine altklugen Bemerkungen. Keine schlechten Scherze. Nichts hört man. Ich habe nämlich mit meinem Lieblingssohn hier eine Abmachung getroffen, vor dem Frühstück. Stimmt's, Sohn? Wenn er bei Tisch nur einmal das Maul aufmacht, dann kriegt er so eine geschallert, daß die Brille fliegt. Mhh, die guten alten Schläge. Die bewährte autoritäre Erziehung. Ah, diese Ruhe. Da kommt einem ein schlichtes Bananenmüsli beinahe wie ein Festessen vor. Mahlzeit!

**K.A.:** Mahlzeit!

**Vater:** PRRFOOO!
Was... was ist das denn?

**K.A.:** Ich bin die Stimme der Geknechteten! Ich bin der Aufschrei im Gulag!
Ich bin der Tenor im Gefangenenchor!

**Vater:** Ich glaube, du bist eher der Anlaß für eine saftige Tracht Prügel!

**K.A.:** Moment. Von Bauchreden steht nichts in unserer Abmachung! Willst du deine pädagogische Glaubwürdigkeit aufs Spiel setzen? Es gibt Zeugen. (Telefonklingeln) Ich geh' mal ran.

**Schwester:** Tja, Paps, der ist dir über.

## Telefonseelsorge

**K.A.:** Ja, hallo?...

Nein, hier ist nicht die Telefonseelsorge...

...Da sind Sie falsch verbunden...

...Aber, sagen Sie mal,...

...haben Sie vielleicht irgendwelchen Kummer?... (Pfeifen)

...Ach du Scheiße...

...Das ist... natürlich bitter...

...Ja, allerdings...

Ihre Situation kommt mir auch sehr ausweglos vor...

Doch, doch,... ich verstehe vollkommen.

...Sie müssen sich vorkommen wie das letzte Stück Dreck!...

und zwar zu Recht!...

...Nein, nein,...

...Also, da würde ich mir nun überhaupt keine Hoffnungen machen...

...Selbstmord, hmm, das wäre selbstverständlich eine Lösung.

...Aber ich bitte Sie...

...Nichts zu danken, gern geschehen...

Auf Wiederhören... Oder besser: ADIEU!

**Mutter:** Wer war denn dran?

**K.A.:** Schon gut, hat sich erledigt.

„Wer war denn dran?"

## Der kleine Saddam

*Liebes Tagebuch, etwas Furchtbares ist geschehen. Als ich heute morgen bei meinem täglichen Kontrollgang an Inge Koschmidders Wohnung vorbeikam, sah ich, wie sie mit einem fremden Mann sprach! Sie senkten die Stimmen, als ich vorbeischlenderte. Diese Hure! Sie betrügt mich unter meinen eigenen Augen! Noch nie in meinem Leben bin ich so gedemütigt worden. Der Schmerz ist unbeschreiblich. Ich glaube nicht, daß ich jemals in meinem Leben wieder etwas wie Liebe empfinden kann. Jegliches Gefühl in mir ist abgetötet. Ich hätte nicht übel Lust, in ein kleines, wehrloses Land einzumarschieren und dort eine Terrorherrschaft zu errichten. Aber das tut man ja nicht! Ich werde dennoch zurückschlagen. Nicht mit ihren eigenen primitiven Mitteln, nein, subtiler, stilvoller. Doch genug davon. Schon winken neue Aufgaben. Ich teile in Vertretung von...*

*...Kalle Klammroth, der leider aus gesundheitlichen Gründen verhindert ist, warme Mahlzeiten an Behinderte aus. Da fällt mir übrigens ein köstlicher Witz ein: Wie nennt ein Kannibale einen Gelähmten im Rollstuhl? Essen auf Rädern!*

„Aber das tut man nicht!"

„Terrorherrschaft"

### Die gute Tat

**K.A.:** Mahlzeit! Die jungen Samariter schicken mich. Ich bringe das Essen!

**Blinder:** Das ist fein. Du bist die Vertretung von Kalle? Dann stell´s doch bitte auf den Tisch, ja? Liest du mir ein bißchen aus der Zeitung vor, während ich esse? Das hat Kalle auch immer getan.

**K.A.:** Hm, sagen Sie mal, sind Sie wirklich blind, oder lassen Sie sich bloß den Arsch nachtragen?

**Blinder:** Na hör mal! Natürlich bin ich blind!

**K.A.:** Das läßt sich ja leicht überprüfen. Tja, entweder sind Sie wirklich blind, oder Sie haben keinen Sinn für Humor.

**Blinder:** Ich bin blind!

**K.A.:** Echt? Ach du Scheiße! Das tut mir aber leid. Sie armer, armer blinder Mann.

**Blinder:** Auf dein Mitleid kann ich verzichten!

**K.A.:** Ich verstehe Ihre Verbitterung. Lassen Sie mich wenigstens für heute Ihr Auge zur Welt sein! Ich les' mal vor: WOAH, ist die geil!

**Blinder:** Was, was?

**K.A.:** Das Tittenmädche von Seite zwei. Hier, gucken Sie mal!

**Blinder:** Hä?!

**K.A.:** Oh, Entschuldigung, ich bin ja sowas von unsensibel. Aber ich les' Ihnen mal die Maße vor: 98 - 64 - 92! Na, regt sich was? Blinder Alarm sozusagen! Prrrmff! Gar nicht so einfach, Ihnen 'ne Freude zu machen. So, jetzt muß ich aber – Sie sind schließlich nicht der einzige Behinderte auf meiner Route. Ich geh' dann mal! Tschühüß! Und schon bin ich weg!

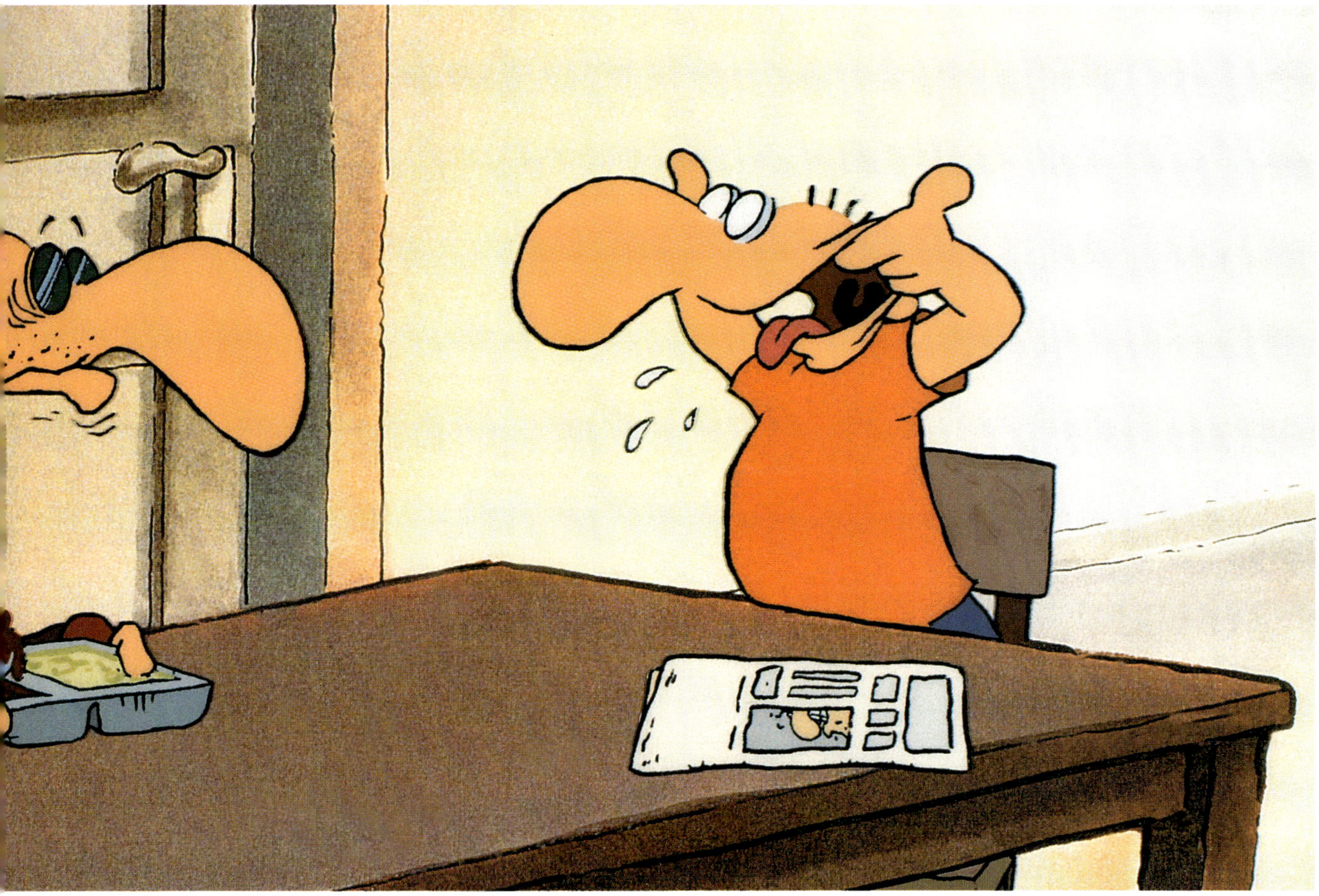

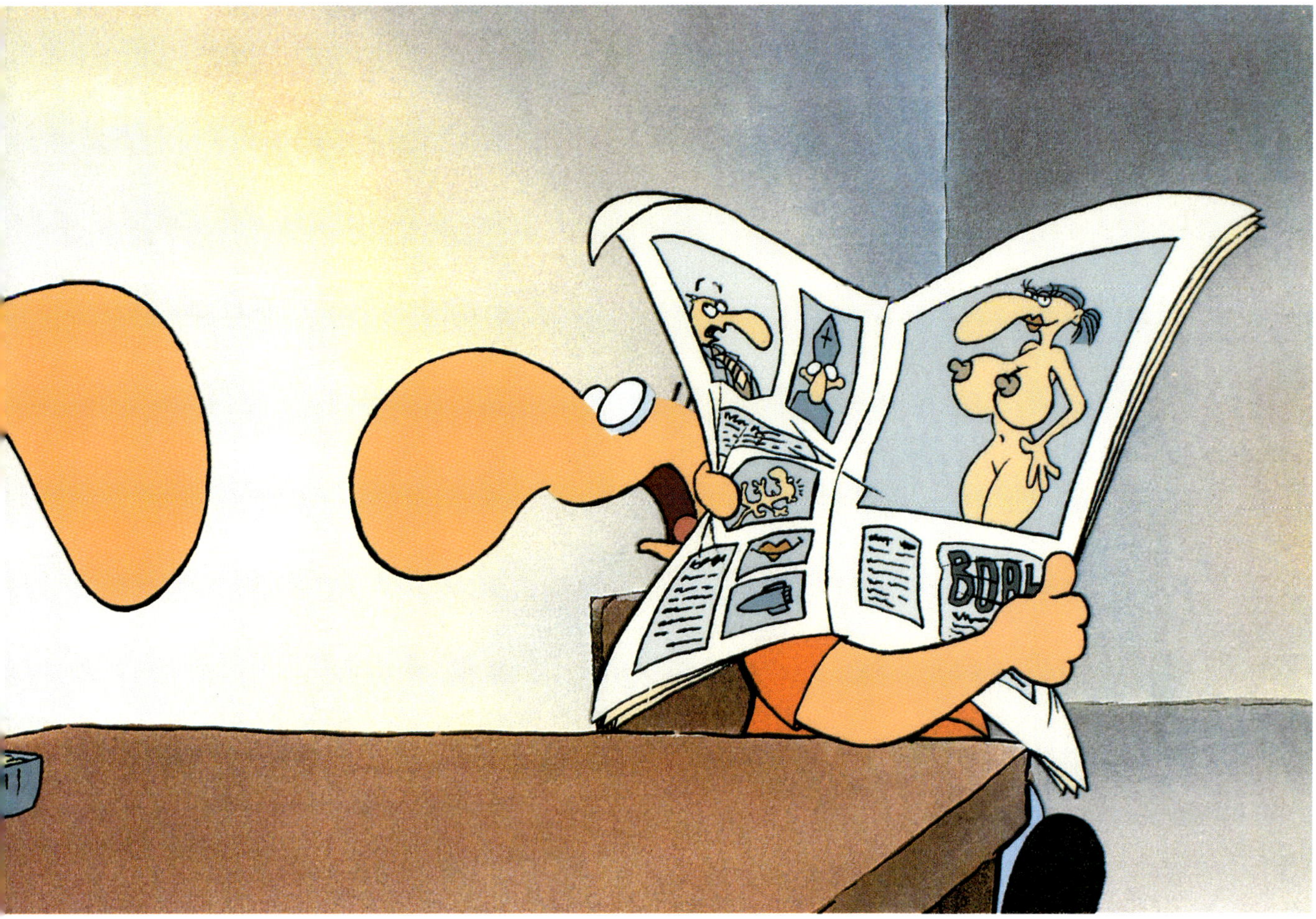

## Im Altersheim

*Ich habe immer gedacht, Blinde wären optimistische, humorvolle Zeitgenossen, so wie Stevie Wonder! Nun, da habe ich mich wohl geirrt!*

*...Aber kein Grund, gleich so verbittert zu sein. Hat nicht jeder sein Päckchen zu tragen? Ich zum Beispiel: Die Stunde meines Biologiereferats rückt immer näher – dennoch klage ich nicht. Im Gegenteil: Ich darf an dieser Stelle verraten, daß sich meine Arbeit daran prächtig entwickelt. Ich glaube nicht nur, daß es meinen Lehrer begeistern und meine Versetzung garantieren, sondern die gesamte biologische Fachwelt in Aufruhr bringen wird. Das Thema ist die menschliche Sexualität. Viele interessante Ansätze verdanke ich Großvater, der früh schon mein Interesse für diese junge Forschungsdisziplin erweckte. Ich erinnere mich z.B. immer wieder mit Heiterkeit an die köstliche Episode, als wir versucht haben, Großvater ins Altersheim abzuschieben.*

| | |
|---|---|
| **A.S.:** | Ich will nicht ins Altersheim! |
| **Vater:** | Das ist kein Altersheim, Großvater. Das ist ein Seniorenstift! |
| **A.S.:** | Der einzige Seniorenstift, den ich kenne, hängt zwischen meinen Beinen! Hahahahaha-ha! |
| **K.A.:** | Haha! |
| **Vater:** | Schscht! Vater! Reiß dich zusammen! Wir müssen einen guten Eindruck machen! Die nehmen hier nicht jeden. |
| **Empfangs-schwester:** | Ah, unser neuer Gast! Willkommen im St.-Anna-Stift. |
| **Vater:** | Guten Tag. |
| **K.A.:** | Mahlzeit. |
| **E-Schw.:** | Nur noch ein paar kleine Formalitäten. Welche Medikamente müssen Sie regelmäßig einnehmen? |
| **A.S.:** | Morphium! Aber Sie brauchen mir den Stoff nur zu besorgen, fixen kann ich selbst. |
| **E-Schw.:** | Aha! |

| | |
|---|---|
| **A.S.:** | Ich scheiße auch nicht ins Bett oder so. Ich bin pflegeleicht. Ich fall' nur gelegentlich aus dem Rollstuhl und kotz' auf den Teppich. Aber davon merk' ich nichts, wegen dem Morphium! Lassen Sie mich einfach liegen. Die Kotze kann man wegsaugen, wenn sie getrocknet ist. |
| **E-Schw.:** | Äh, frönen Sie irgendwelchen Hobbys? |

A.S.: Ja klar, zwanghafte Masturbation.

E-Schw.: Wie bitte?

A.S.: Ich meine meinen Seniorenstift. Ich nehme ihn in die Hand und ah...

Vater: Äh, Großvater!

| | |
|---|---|
| E-Schw.: | Welcher Religion gehören Sie an? |
| A.S.: | Kirche der heiligen Vagina! |
| E-Schw.: | Der was? |
| A.S.: | Vagina, V-A-G-... |
| E-Schw.: | Schon gut, ich weiß, wie man das schreibt. Was für eine Religion soll das denn sein? |
| A.S.: | Wir glauben an die befleckte Empfängnis. Wir glauben, daß Gott eine Alte ist, und zwar mit großen, dicken... |
| Vater: | Großvater! |
| A.S.: | Wir haben auch ein eigenes Begräbnisritual. Wir glauben daran, daß die Genitalien weiterleben. Beerdigt wird nur der restliche Körper. |

| | |
|---|---|
| E-Schw.: | Tut mir leid, aber ich sehe hier gerade, daß wir zur Zeit völlig ausgebucht sind. Schwester Ursula! Würden Sie die Herrschaften bitte hinausgeleiten!? |
| Schwester Ursula: | Selbstverständlich, bitte folgen Sie mir. Hier entlang. |
| A.S.: | Potztausend, eine Sexgöttin! Ahaha!! Sie sind gar keine Krankenschwester. Sie sind die Göttin der Wollust. HEY, HEY! Sie sind die heilige Vagina! HAAAAA! |
| Schw. U.: | Ruhe bitte! |
| A.S.: | Ich will nicht nach Hause, ich will ins Altersheim. Hahaha! |
| Vater: | Halt bloß deine Klappe, ja! |
| K.A.: | Haha! |

*Wir haben danach beschlossen, ihn lieber totzupflegen! Das kommt billiger, und Vater und Mutter können sich von den Drogen was abzwacken, die der Hausarzt verschreibt. Nun muß ich aber schließen. Im Funkhaus ist heute „Tag der offenen Tür". Ein Medienereignis, das ich nicht versäumen darf.*

## Talk Radio

**K.A.:**  Wir kommen nun zu den Nachrichten:

Großraum Bundesrepublik:
Achten Sie bitte auf dicke, weiße Fusseln, die in der Luft herumfliegen. Sie sind aus dem gentechnischen Laboratorium in Porz entwichen und sehr gefährlich. Frauen werden bei Hautkontakt damit schwanger und Männer schwul.

Bonn:
Hausfrauen ohne Nebenbeschäftigung haben sich ab sofort arbeitslosen, unrasierten Männern mit schlechtem Mundgeruch zwecks Befriedigung körperlicher Bedürfnisse zur Verfügung zu stellen. Die Bundesregierung verspricht sich davon sprunghaften Bevölkerungszuwachs und Wirtschaftswachstum. Stellen Sie sich bitte beim nächsten Supermarkt in einer Reihe auf, oder lassen Sie einfach Ihre Wohnungstür offen.

Das Verkehrsstudio mit einer Suchmeldung: Herr „Krzz" aus „Pfrrz", unterwegs in einem „Prrrfz"-Golf mit dem Kennzeichen „Krrrepfrz", fahren Sie sofort nach Hause, Ihr Haus brennt!

Und nun eine ganz besondere Meldung für Inge Koschmidder:
Jawohl, Inge, du bist gemeint, du Hure, du hast mit dem Briefträger gefickt. Jawohl, die ganze Welt soll es erfahren. Inge Koschmidder fickt mit Briefträgern! Du Schlampe! Schluchtz... Und ich habe dich einmal geliebt...

*Nun, ha-ha, ich denke, das wird Inge eine Lehre sein. Wer mit meinem Herzen spielt, der spielt mit Feuer... Sie muß lernen, daß auch ich Gefühle habe... Ältere Menschen neigen leider zu mangelnder Sensibilität.*

*Großvater braucht wieder seinen Auslauf. Ein wenig Sauerstoff, ein paar liebe Worte, das wird ihn vom Sterben ablenken.*

## Sex-Tips

**K.A.:** Eigentlich hat das hohe Alter ja auch eine enorme Menge an Vorzügen, wenn man es so bedenkt.

**A.S.:** Ach ja, welche denn?

**K.A.:** Naja, oh,... zum Beispiel, du kannst deinen Behindertenausweis rumzeigen.

**A.S.:** Genau, ich kann nicht mehr schwimmen und darf damit umsonst ins Wellenbad! Ich kann nichts mehr sehen und hören und darf umsonst ins Theater! Einen Scheißdreck darf ich!

**K.A.:** Was sollte man denn deines Erachtens mit einem Behindertenausweis tun können?

**A.S.:** Man müßte umsonst in den Puff dürfen!

**K.A.:** Kannst du eigentlich auch über was anderes reden als über Sex?

**A.S.:** Wieso? Gibt's denn noch was anderes?

**K.A.:** Na schön, ich verstehe. Gibt es etwas aus deinem reichhaltigen sexuellen Erfahrungsschatz, das du einem jungen Menschen wie mir auf den Lebensweg mitgeben willst?

**A.S.:** Ja, du solltest nie öfter als zwölfmal am Tag onanieren, jedenfalls nicht über einen längeren Zeitraum.

**K.A.:** Wieso?

**A.S.:** Was meinst du denn eigentlich, was mich in den Rollstuhl gebracht hat?

„Wir kommen nun zu den nachrichten:"

„...arbeitslosen, unrasierten Männern..."

"...zwecks Befriedigung körperlicher Bedürfnisse..."

"...zur Verfügung zu stellen. Die Bundesregierung..."

**K.A.:** Du bist ein schmutziger alter Mann, weißt du das?

**A.S.:** Ich weiß, mein Pfleger kann mich so oft waschen, wie er will, ich fühle mich danach immer noch schmutzig.

**K.A.:** Ich finde das unnatürlich.

**A.S.:** Wieso?

**K.A.:** Wenn Gott gewollt hätte, daß du ihn in dem Alter noch hochkriegst, hätte er ihm Flügel gegeben.

**A.S.:** Hahaha. Ha.
Weißt du, du bist irgendwie in Ordnung. Du erinnerst mich an das, was ich in deinem Alter gewesen bin.

**K.A.:** Ein kurzsichtiger kleiner Junge?

**A.S.:** Nein, ein kurzsichtiges kleines Arschloch!
Was ist das da für ein häßlich verklinkerter Neubau?

**K.A.:** Das ist das neue Krankenhaus.

**A.S.:** Das trifft sich sehr gut. Ich bekomme nämlich gerade einen Herzinfarkt.

53

## Aus der Filmgeschichte des Kleinen Arschloch

Das Kleine Arschloch hat eine Reihe prominenter Vorläufer in der Film- und Fernsehgeschichte. Teile seines komplexen Charakters finden wir bei einigen beliebten und hochklassigen Darstellern bereits in Grundzügen angelegt.

Von **J.R.** (Larry Hagman) hat er sein ausgeprägtes Verantwortungsbewußtsein und die enormen Führungsqualitäten.

Mit **Dr. Mabuse** (Rudolf Klein-Rogge) verbindet ihn das stete Streben nach Weltherrschaft.

Den gesunden Gerechtigkeitssinn teilt er mit **David Hasselhoff** (Knightrider).

Die Parallelen zu **Cary Grant** (Leoparden küßt man nicht) liegen auf der Hand: die gepflegte Erscheinung und das höfliche Auftreten.

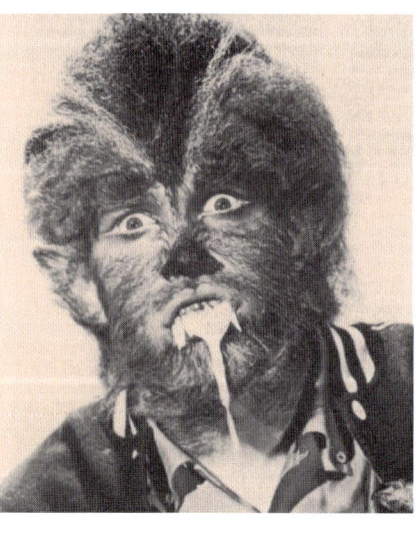

Ähnlich wie **Michael Landon** (Bonanza, Unsere kleine Farm, I Was a Teenage Werewolf) ist das Kleine Arschloch erstaunlich wandlungsfähig (s.a.: Die zweieinhalb Gesichter des K.A.)

Sowohl **Jesus** als auch das K.A. lieben die Menschen und haben eine große Fangemeinde.

Das K.A. zeichnet eine geradezu überschwengliche Zuneigung zu älteren und gebrechlichen Mitbürgern aus, genauso wie den kleinen **Sammy Snyder** (The Pit).

*Fotos (Seite 54, 55, 88):*
*dpa, Public Address, Engelmeier München, British Film Institute, Deutscher Fernsehdienst, Photofest, Filmarchiv Berlin, IMO, Vario-Press, Hollywood Book and Poster.*

## Filmische Vorfahren des Alten Sacks

Wann immer es übelriechend, ekelerregend oder schlichtweg unerträglich wird, hat bestimmt ein Vorläufer des Alten Sacks die gichtigen Finger im Spiel gehabt:

Mit **Chief Ironside** (Raymond Burr) verbinden den Alten Sack die penetrante Neugier und die Lust am rollen.

Genau wie **Wolfgang Schäuble** (CDU) liebt es der Alte Sack, zu polarisieren und liberal denkende vor den Kopf zu stoßen.

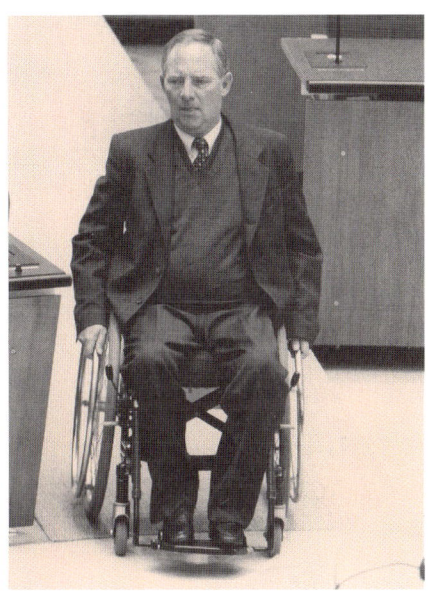

Mit **Jesus** (Sohn Gottes) teilt der Alte Sack einen ungeheuren Auferstehungsdrang, dem er allerdings aus technischen Gründen nicht immer nachgehen kann.

Genau wie **Nosferatu** (Max Schreck) liebt es der Alte Sack, sich die Fingernägel lang wachsen zu lassen. Weniger aus blutsaugerischen Gründen, eher um den Speisezettel der Familie zu bereichern.

Verschlagenheit und Heimtücke zeichnen sowohl **Freddie Krueger** (Robert Englund) als auch den Alten Sack aus, wobei es bei ihm auch einfach nur Alzheimer sein könnte.

Der Alte Sack ist kein **Phantom** (Lon Chaney) **der Oper,** sondern des Altenheims.

Häufig wird der Alte Sack mit anderen **Filmstars** (Evil Dead II) verwechselt. Man kann sie oft nur am Verfallsdatum unterscheiden.

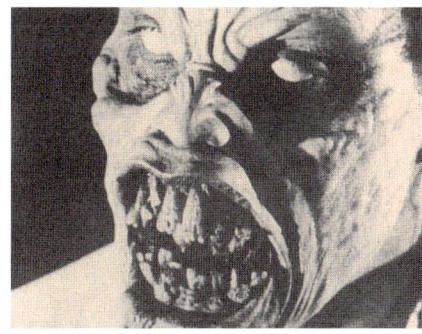

Gerontologen streiten sich darüber, ob man den Alten Sack noch zu den renitenten Senioren oder bereits zu den **Zombies** rechnen soll. Eine gewisse Nähe zum Grab ist beiden Gattungen nicht abzusprechen.

## Lied für Inge

*Vielleicht kriege ich jetzt doch ziemlich bald Großvaters Zimmer. Den Herzinfarkt hat er überlebt,... aber die Ärzte sagen, es bestehen gute Aussichten auf den nächsten. Bei all der Aufregung hätte ich beinahe Inge vergessen, die Gute. Lieben heißt verzeihen können, liebes Tagebuch! Ich werde ein Signal setzen, daß der Weg zu meinem Herzen wieder frei ist.*

**Inge:**    Haaloo? Hallo?

**K.A.:**    Ich bin jung, und du bist alt, ich bin noch
warm, du bist bald kalt.
Du fühlst dich schwach, ich fühl mich stark,
Ich bin der Nagel, du der Sarg.

Während ich durch's Leben turne, wartet auf
dich schon die Urne,
Und mußt du im Jenseits schmoren, fühl' ich
mich wie neugeboren.
Das macht mir aber gar nichts aus, für mich bist
du die Zaubermaus!
Du bist so schön, so voller Rasse, wie ein Park-
haus,
Das geschlossen hat.

Ich bin der Chrom, du bist der Rost, ich bin der Dünger, du Kompost.

Während ich durchs Leben turne, wartet auf dich schon die Urne.

Grad haben wir uns noch begattet, da wirst du auch schon bestattet.

Das macht mir aber gar nichts aus, für mich bist du die Zaubermaus.

Ich pfeiff' auf dein Cholesterin, ich brauche dich wie Heroin.

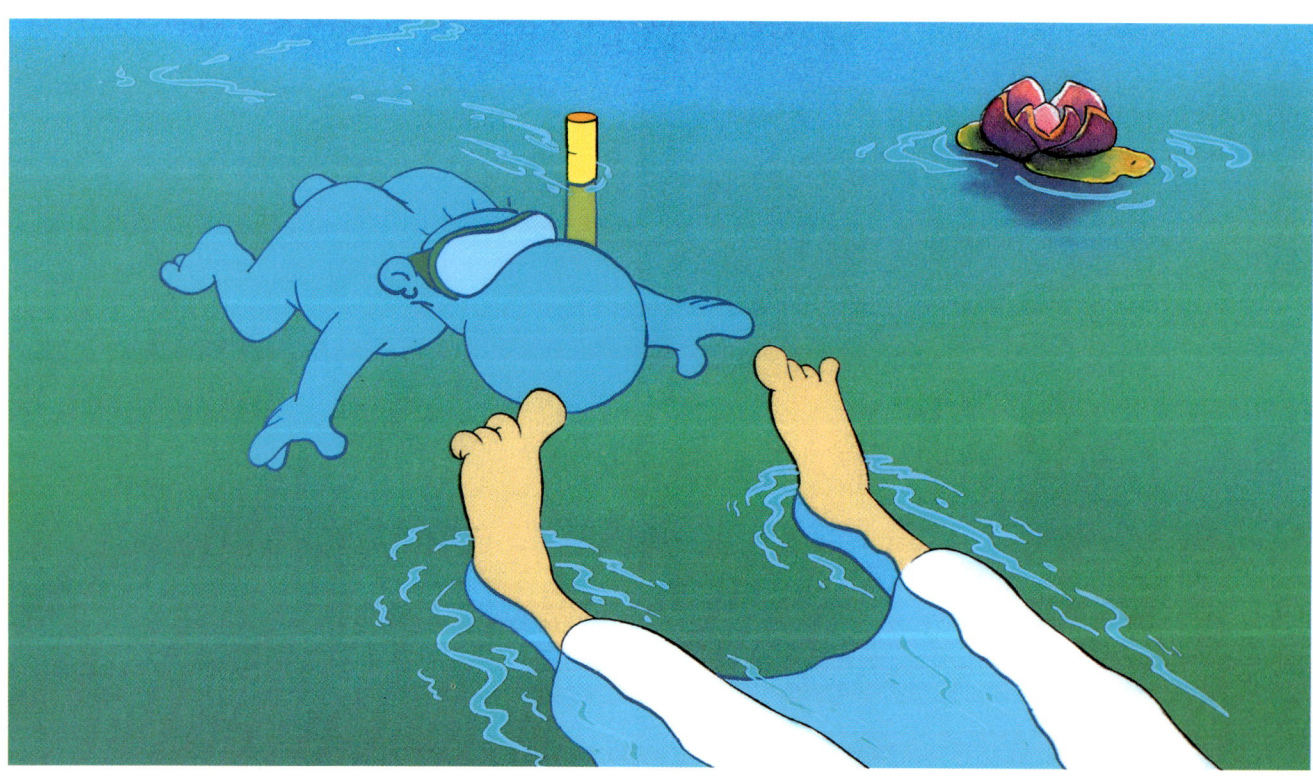

Dir fehlt die Kraft, ich hab' die Traute,
Ich bin der Wind, du bist die Flaute.
Du bist bald welk, ich bin noch knusprig,
Ich erb' dein Geld, das find' ich lustig.
Ha, Ha!
Nichts macht die Liebe zu dir kleiner, auch
nicht die Gicht,
auch nicht Alzheimer.

Inge? Hallo, hallo Inge? Weiber!

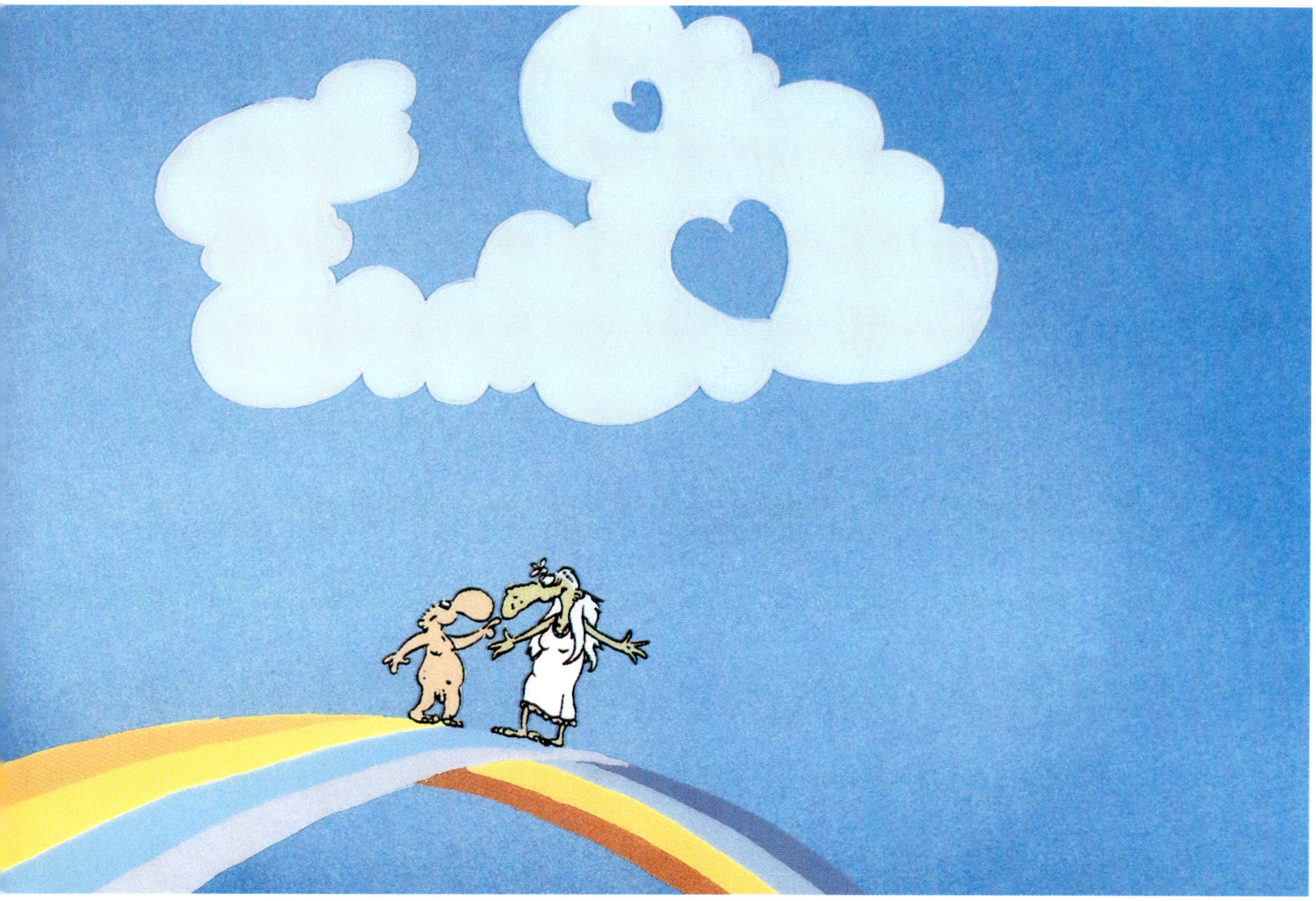

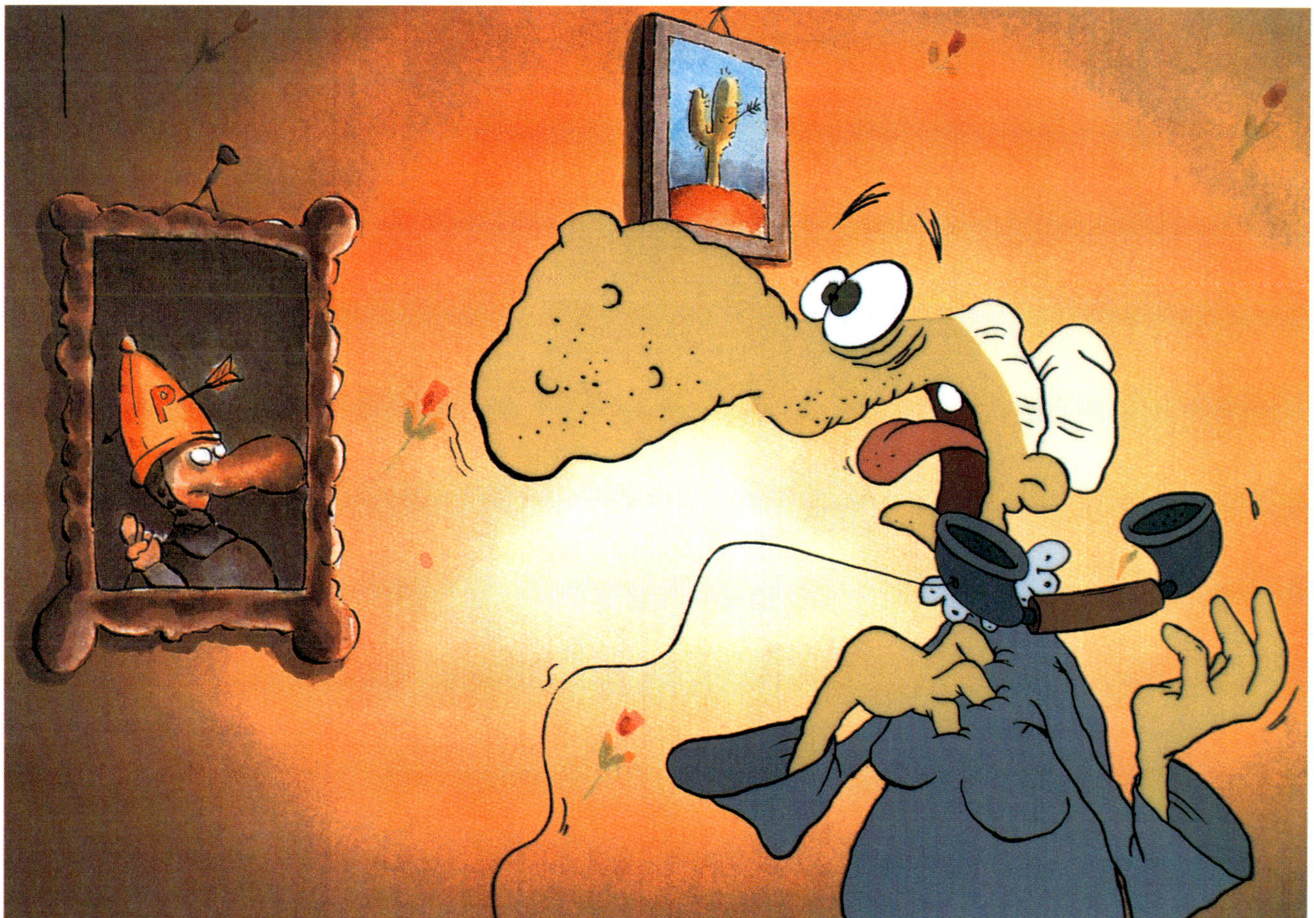
P

Hallo Michael,

wie schon gesagt, die wichtigsten Sachen fallen mir immer
nachher ein. Ich wollte Euch nämlich fragen, ob wir bestimmte
Teile der Kontur des K.A. nicht einfach offen lassen sollen, so wie
in den Comics. Das ist nämlich eine der wesentlichen Charakteristiken
meiner Figur, etwas, was sie von anderen unterscheidet. Oder sind wir
tatsächlich dazu gezwungen? Es kann doch eigentlich nur eine Frage von
mehr Aufwand und Aufmerksamkeit beim Folienbemalen sein. Ich
denke dabei lediglich an den Kopf, die Schädeldecke und den Hals vorne. *JA*
Wir sollten es wenigstens mal auf ein paar Folien probieren. Wäre schön,
wenn man das im Film erhalten könnte.

Zu den Zeichnungen, die ich Dir mitgegeben habe: Zumindest Peppi
kann so nicht funktionieren, den Hund sollte man vom Hals abwärts
ganz neu definieren. Die Beine müssen unanatomischer,
würstchenmäßiger werden.

Ich mache mich dann ab jetzt über das Drehbuch her und schicke
Euch nach und nach Änderungsvorschläge und zusätzliche Szenen.

Ganz wichtig sind auch die Augen. Bernie zeichnet sie wie Golfbälle,
bei mir sehen sie aus wie Eier. Wenn man eine Figur von mir im
Halbprofil zeigt, ist das hintere Auge immer stark perspektivisch
verkleinert. Sehr charakteristisch ist auch ein kleiner "Tränensack"   *Wo ?*
unter den Augen.

Zur Haltung fällt mir noch ein: Meine Figuren sind grundsätzlich
unsportlich, halten sich wie Säcke auf leicht eingeknickten Beinen,
mit hängenden Schultern.

Und ein Komikerbeispiel ist mir auch noch eingefallen: Man muß
sich einfach W.C. Fields im Alter von 12 Jahren vorstellen.

Letzte Bemerkung: von stark comichaften Körperreaktionen wie
vom Körper abspritzende Schweißtropfen sollte man absehen, sowas   *No*
habe ich noch nie gezeichnet. Wenn eine Figur bei mir schwitzt, dann
läuft der Schweiß ganz normal runter.

*SOLLTE MAN EINSETZEN*
*KÖNNEN . . . .*

*W. MOERS*

## Peppis Wunschtraum

**K.A.:** Juhuu, Peppi? Ich weiß, daß du hier irgendwo bist. Ah, da ist ja der kleine Racker! Ach komm, Peppi. Laß doch die Kindereien. Peppi? Peppi? Ich werde langsam böse. Meine Geduld ist langsam erschöpft. Peppilein. **Aber Peppi. Ha, ha. Daneben.** Jetzt hast du mich wirklich böse gemacht, Peppi! Nun muß ich dich leider bestrafen. **Aber Peppi, du weißt doch gar nicht, wie man mit sowas umgeht, he, he.** AUS, Peppi, AUS. Es gibt da ein brandneues Entwurmungsmittel, das ich unbedingt an dir ausprobieren muß, mein vierbeiniger Freund. **Aber Peppi, das solltest du nicht tun. Rauchen schadet der Gesundheit.** Peppi, Peppi, Peppi, Peppi. Wußtest du eigentlich, daß der Hund in China als Delikatesse gilt, Peppi? Ich hab' mir auch schon ein Rezept ausgedacht. Es heißt „Peppi Bolognese". Man nimmt dazu einen ganz einfachen Hund, so einen wie dich, Peppi,... dazu Knoblauch, Tomaten, Zwiebeln, Oregano. Den Hund auf großer Flamme rundum kroß anbraten, dann erst die Zwiebeln beigeben. Manche machen es umgekehrt, aber ich habe die Zwiebeln lieber glasig als knusprig.

## Drogenmißbrauch

**K.A.:** Weißt du, Peppi, ich habe über unsere Beziehung nachgedacht. Es gibt da ein paar unnötige Spannungen. Deshalb habe ich dir etwas mitgebracht. Hammi, hammi, hammi,... ein lecker Würstchen! Was du jetzt nicht weißt, lieber Peppi, ist, daß diese Wurst eine ordentliche Portion LSD-25 enthält. Das ist ein sehr stark wirkendes Halluzinogen. Es soll angeblich helfen, Probleme deutlicher zu sehen, und verstärkt auf faszinierende Weise die Sinneseindrücke. Man sagt, durch körperliche Bewegung gelangt es schneller über die Blutbahn ins Gehirn, wo es seine volle Wirkung entfaltet. Merkst du schon was, Peppi? Das ist genau der richtige Augenblick, deine Reflexe unter Extrembedingungen zu testen. Bleib ganz locker, Peppi. Sei einfach du selbst.

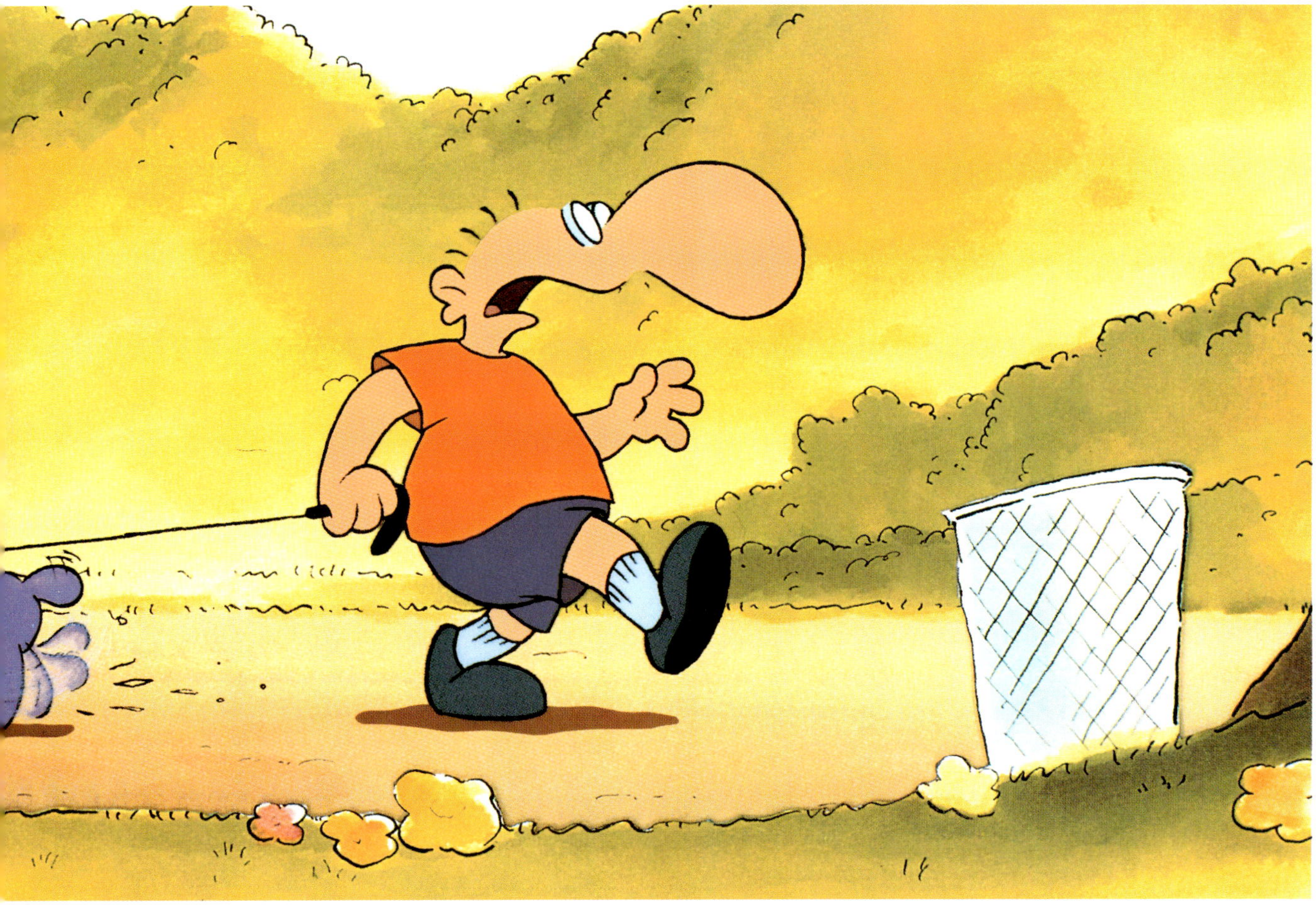

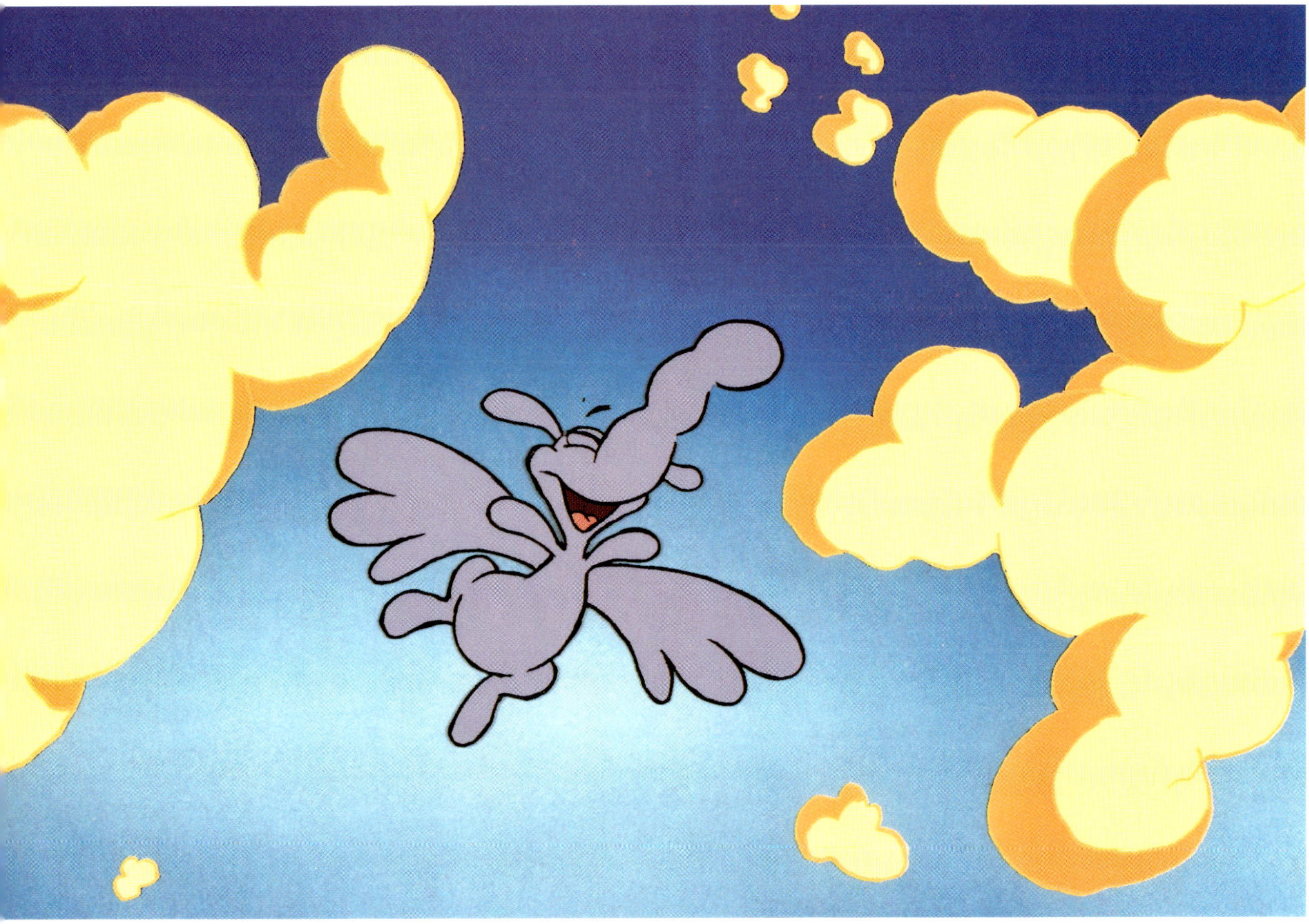

**Peppi?**

**K.A.:** Peppi! Bist du auch bei der Sache? Peppi, Peppi, Peppi, Peppi, Peppi… Ich notiere: Keine nennenswerten Fortschritte im Reflexbereich durch die Einnahme von Lysigensäurediäthylamid. Was lernen wir daraus, Peppi? Finger weg von harten Drogen! Da liegt kein Segen drauf!

„Peppi, Peppi…"

„…Peppi, Peppi…"

## Interview mit Walter Moers

**Frage:** Herr Moers, an so einem großen Zeichentrickfilm arbeitet ja ein großes Heer von Zeichnern und Zeichnerinnen, erfahrenen Animatoren aus aller Welt, hunderten von Zwischenphasenzeichnern, Coloristinnen, Hintergrundmalern...

**Antwort:** Blödsinn! An den Quatsch hab' ich auch mal geglaubt. Ich mußte den ganzen Scheißfilm alleine zeichnen.

**F.:** Aber die Produktionsfirma, die Trickompany unter der Leitung von Michael Schaack, gilt doch weltweit als das Mekka der Zeichentrickkunst, das Disneyland des Hohen Nordens, der Petersdom unter den Trickstudios...

**A.:** Auf den Mist bin ich auch reingefallen. Ich hab' in dem Laden noch keinen einzigen Zeichner gesehen. Sie stellen sogar Schilder auf: Eintritt für Zeichner verboten! Es gibt elektrische Zäune gegen Zeichner! *(senkt die Stimme)* Es geht sogar ein Gerücht, daß einmal ein Zeichner die Barrikaden durchbrochen hat. Er wurde nie wieder gesehen...

**F.:** Aber das ist völlig absurd! Warum sollte eine Zeichentrickproduktion so etwas tun?

**A.:** Sie sind ihnen zu teuer! Zeichner kosten Geld! Viel Geld! Wissen Sie, was ein simpler Bleistiftphasenzeichner im Monat verdient? Soviel wie ein Laserchirurg im Jahr! Es ist ein natürliches Überlebensverhalten einer Trickfilmfirma, sich professionelle Zeichner vom Hals zu halten. Zeichner sind für Trickfilmfirmen das, was Hyänen für Zebras sind.

**F.:** Und wie kommen dann diese abendfüllenden Zeichentrickfilme zustande?

**A.:** Durch Knebelverträge! Die Autoren werden gegen ihren Willen dazu verpflichtet, den Film selbst zu zeichnen.

**F.:** Wie das?

**A.:** Es ist doch immer die gleiche Masche. Michael Schaack hat mich in sein Büro eingeladen und dann gezwungen, ganz viel Whiskey zu trinken, obwohl er weiß, daß ich keinen Alkohol vertrage. Es waren wohl auch noch K.o.-Tropfen drin, denn ich war danach für mehrere Tage halbseitig gelähmt. Auf dem Tisch tanzten Huren. Dann zeigte er mir den Vertrag, 500 Seiten dick, aber nur ganz kurz, dann zog er ihn wieder weg. Dann sollte ich ein Blankoformular unterschreiben.

**F.:** Kaum zu glauben.

**A.:** Tja, aber mich legt man nicht so schnell rein. Ich komme aus der Buchbranche, da wird noch mit viel schmutzigeren Tricks gearbeitet. Erpressung, Folter, synthetische Drogen. Als Schaack mal aufs Klo ging, hab' ich den Vertrag gelesen, und da stand auf Seite 498, ganz klein gedruckt: Der Autor, die blöde Sau, verpflichtet sich hiermit, den ganzen Film allein zu zeichnen. Da habe ich mich natürlich geweigert, zu unterschreiben.

**F.:** Ach! Und wie ist es dennoch zur Unterschrift gekommen?

**A.:** Schaack hat mich geschlagen. Mit dem Vertrag – der ist ja so dick wie ein Telefonbuch. Damit kann man einen zusammenschlagen, ohne Spuren zu hinterlassen. Ich habe heute noch Wirbelprobleme deswegen.

**F.:** Und dann haben Sie den Film allein gezeichnet!?

**A.:** Ja, mit einem Vierfarbstift, mehr wollte Schaack nicht rausrücken, der Geizkragen. Es grenzt an ein Wunder, daß der Film trotzdem so professionell wirkt. Zumal Schaack immer extra am Tisch gewackelt hat, wenn ich gezeichnet habe, um mich zu ärgern. Dafür hat er dann auch noch einen Regiekredit bekommen.

**F.:** Könnte es denn nicht vielleicht auch so gewesen sein, wie Michael Schaack es uns berichtet: Daß der Film unter völlig professionellen Bedingungen entstanden ist, mit einem Team hochkarätiger Mitarbeiter und kreativen Kräften aus aller Welt, und daß Sie nur alle Jubeljahre mal vorbeistolziert sind, um den dicken Macker zu markieren?

**A.:** Oder so!

# Kamerafahrt über Pinboard (9A-TB)

"Ich darf an dieser Stelle verraten, daß sich meine Arbeit daran prächtig entwickelt. Ich glaube nicht

nur, daß es meinen Lehrer begeistern und meine Versetzung garantieren, sondern die gesamte biologische Fach.

Welt in Aufruhr bringen wird. Das Thema ist die menschliche Sexualität."

## Multikultur rules o.k.

*Liebes Tagebuch. Du wirst Dich sicher wundern, warum ich Vaters schwarze Gaultier-Unterhose auf dem Kopf trage, aber ich trage Trauer! Ja, ich trauere um Inge Koschmidder, denn sie weilt nicht mehr unter uns. Als ich von Peppis Spaziergang zurück-kam, stand der Leichenwagen vor der Tür. Der arge Schnitter hat Inge von uns genommen. Ich war ein Narr, mein Herz einer solch unzuverlässigen Person zu schenken! Zuerst der Briefträger, und jetzt stiehlt sie sich auf so feige Weise aus unserer Beziehung... Ich bin sehr enttäuscht von Inge! Aber das Leben geht weiter, nicht wahr? Die Hunde bellen, aber die Karawane zieht weiter. Ich werde in der Arbeit Vergessen suchen. Dieser Auftritt wird unser Durchbruch, unser Triumphmarsch in eine bessere Welt. Eine Welt voller Sex, Drogen und williger Groupies! Ich fühle es! Ach was, ich weiß es!*

K.A.:    Hm, kekker fotzelek!
        (Hm, lecker Gemüse!)

        Tessekur eder!
        (Dankeschön dafür!)
        Hm, kekker fotzelek!
        (Hm, lecker Gemüse!)
        Tessekur eder!
        (Dankeschön dafür!)
        Saat ona yirmivar!
        (Es ist schon viertel nach elf!)
        Saat ona yirmivar!
        (Es ist schon viertel nach elf!)
        Tessekur eder!
        (Dankeschön dafür!!)
        Tessekur eder!!
        (Dankeschön dafür!)
        Saat ona yirmivar!
        (Es ist schon viertel nach elf!)
        Saat ona yirmivar!
        (Es ist schon viertel nach elf!)
        Seretenize!
        (Gesundheit!)
        Seretenize!
        (Gesundheit!)
        Seretenize!
        (Gesundheit!)

Räuspür!

Saat ona yirmivar!

Hm, kekker fotzelek!
(Hm, lecker Gemüse!)
Tessekur eder!
(Dankeschön dafür!)
Hm, kekker fotzelek!
(Hm, lecker Gemüse!)
Tessekur eder!
(Dankeschön dafür!)
Ne Oluyor pisik kultulerin etkisi
ne karsimisinry?
(Habt ihr etwas gegen multikulturelle
Einflüsse?)

**Tessekur eder!**

„Tessekur eder!"

„Ne Oluyor?"

"risik kultulerin etkisi…"

"…ne karsimisiny?"

## Das Biologie-Referat

**Mutter:** Was für ein Tag. Ich bin ganz aufgeregt. Erst die Biologie-Prüfung, dann heute abend das Schulfest! Bist du nervös, mein Junge?

**K.A.:** Sorge dich nicht, Mutter! Ich ruhe in mir selbst, wie ein buddhistischer Bär im Winterschlaf!

**Vater:** Das bezweifle ich nicht. Was ich bezweifle, ist, daß du das Bioreferat vernünftig vorbereitet hast.

**K.A.:** Du tust mir unrecht, mein Vater, wie so oft! Aber ich verzeihe dir! Was ich hier in den Händen halte, ist nicht nur eine bloße Hausarbeit. Nach ihrer Veröffentlichung wird man das Fach Biologie ganz neu definieren müssen! Dies ist vermutlich das erste Bioreferat, das den Nobelpreis erhalten wird!

**Vater:** Hm, jetzt bin ich wirklich beruhigt.

**K.A.:** Kann ich anfangen?

**Lehrer:** Ja, kann losgehen!

**K.A.:** Licht aus, bitte!
Wir beginnen mit den Geschlechtsteilen. Die Faszination der Menschen für Geschlechtsteile ist so anhaltend wie unerklärbar. Keinem anderen Körperteil wird auch nur annähernd so viel Aufmerksamkeit gewidmet. Ein Ellenbogen zum Beispiel kann von makelloser Schönheit sein, aber er wird niemals ein solches Hallo verursachen wie ein Penis oder eine Vagina. Obwohl diese bei objektiver Betrachtung aussehen wie radioaktives Gemüse aus dem Weltall. Es wird wohl ein ewiges Geheimnis der Schöpfung bleiben, wieso die Geschlechtsteile nicht die Erscheinungsform von etwas haben, das das Auge erfreut, etwa die eines Alpenveilchens oder einer mundgeblasenen Vase aus dem Harz. Das männliche Glied gilt als der Mercedes unter den Geschlechtsorganen. In erregtem Zustand erreicht ein normal gewachsenes männliches Glied eine Länge von 60 Zentimetern und wiegt ungefähr drei Kilo. Das männliche Glied kann exakt 950mal ejakulieren. Das entspricht ziemlich genau einem halben Eimer.

Der männliche Samen besteht aus Gehirnzellen, die über den Hypothalamus und das Rückenmark an die Hoden geleitet werden. Bei jeder Ejakulation verliert der Mann ungefähr fünf Milliarden Gehirnzellen. Das ist doppelt so viel, wie bei einer Vollnarkose. Ganz wesentlich für die Produktion von Samen ist die Potenz. Als Faustregel gilt: Ein Mann kann pro Tag so oft abspritzen, wie er Jahre alt ist. Liegen Ihre Werte darunter, sollten Sie sich Sorgen machen, wahrscheinlich haben Sie Hodenkrebs. Das weibliche Glied, auch Klitoris oder Kitzelchen genannt, ist im Vergleich zum männlichen eigentlich kaum erwähnenswert. Von Natur aus zwergenhaft und zurückgeblieben, verbirgt es sich gerne unter zwei Hautlappen, den Schamlippen, die oft von prächtigem Bartwuchs umstanden sind. Männer bevorzugen mächtige, raumgreifende Schamlippen. Man kann übrigens die Größe der Schamlippen einer Frau bestimmen, ohne sie nackt gesehen zu haben. Multiplizieren Sie einfach die Länge ihrer Ohrläppchen mit der Breite ihrer Oberlippe, und Sie haben die Quadratzentimeterzahl der Schamlippen.

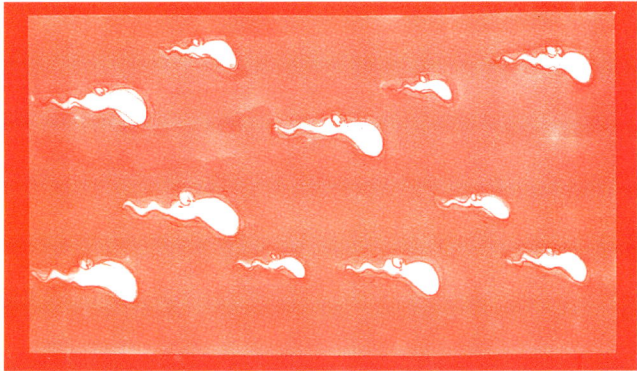

## Besuch im Krankenhaus

*Mein Ansatz, etwas Humor unter den drögen Lehrstoff zu mischen, wurde leider nicht durch hohe Benotung belohnt, liebes Tagebuch. Nun, ich teile dieses Schicksal mit anderen großen Männern der Geschichte: Giordano Bruno, Galileo Galilei, Erich Honecker. Brüder im Geiste. Die Zeit wird uns Recht geben. Großvater liegt immer noch im Krankenhaus. Ich werde ihn besuchen und ihm Trost und Zuversicht spenden. Bei dieser Gelegenheit werde ich auch Kalle einen Besuch abstatten. Es ist doch nicht so schlimm mit ihm, wie wir gedacht haben...*

*... Die Ärzte sagen, daß er in wenigen Monaten wieder ohne Katheter urinieren kann.*

Patient:   Äh, sind Sie der Arzt?

K.A.:   Wieso nicht?

Patient:   Naja, Sie sind so klein und äh...

K.A.:   Allerdings, ich bin der kleinste Arzt Europas. Ist das ein Problem für Sie?

Patient:   Nein, nein, wirklich nicht! Wieso sind Sie denn nackt?

K.A.:   Wieso sind Sie nicht nackt? Los, ausziehen, aber dalli! Na, dann woll'n wir uns mal Ihre Röntgenaufnahmen anschauen. Ach du Scheiße!

Patient:   Was? Was?

K.A.:   Ein Tumor, da!

Patient:   Was? Wo? Wo?

K.A.:   Na, da! Da!

Patient:   Oh Gott! Das ist ein Tumor?

K.A.:   Nein,... nein, nein, nein. Das ist ein Fettfleck. Kleiner Irrtum. Meine Schuld. Oh, ich entschuldige mich! Oh, ich entschuldige mich... Entschuldigung, Entschuldigung, oh, tut mir leid – wirklich! Entschuldigung!

Patient:   Puuh!

K.A.:   Man fühlt sich gleich wie neugeboren, was? Macht hundert Mark!

Patient:   Was, wofür denn? Ich habe doch gar nichts!

K.A.:   Hätten Sie lieber Krebs? Mal sehen, was sich machen läßt...

Patient:   Schon gut! Schon gut! Hier...

K.A.:   Wiedersehen! Und achten Sie auf Ihre Gesundheit!

**Kranken-
schwester:**

    Man sollte diese alten Säcke einfach alle tot-
spritzen! So 'ne Scheiße!
Herr Brenner will seine Fettsuppe nicht essen!

**K.A.:**    Tja, Negermann, da staunst du, was? Bei dir zu
Hause verrecken sie vor Hunger, und hier krie-
gen sie nichts runter, weil sie vom Fressen
krank geworden sind! Das wäre überhaupt die
Lösung! Wir lassen die Alten abkratzen, kochen
leckere Suppe draus und schicken die nach
Afrika. Ihr steht doch auf so was, so 'n knusp-
riger Kolonialistenschenkel in Kokosmilch.
Komisch, man sollte meinen, Neger hätten
Sinn für schwarzen Humor!

## Große Sterbeszene

K.A.:     Nanu, die ganze Familie? Gibt's was zu feiern? Haha! Haha!

Mutter:     Großvater stirbt!

K.A.:     Echt? Kann ich sein Zimmer haben?

A.S.:     Bevor ich gehe, muß ich euch noch etwas gestehen. Jedesmal, wenn ich mir die Fußnägel geschnitten habe, habe ich sie euch unters Müsli gemischt!

Alle:     UUUAAAHHG!

A.S.:     Aaaagh!

K.A.:     Ist er jetzt tot?

Vater:     Äh, ich glaube – äh – ja!

A.S.:     BUUH!

Alle:     UAAAHAAAHAA! GROSSVATER! Du bist nicht tot?

A.S.:     Nö! AHAHAHA! Ich hab's mir anders überlegt! Ich will nicht sterben.

Alle:     Hurra. (Na toll! Super!)

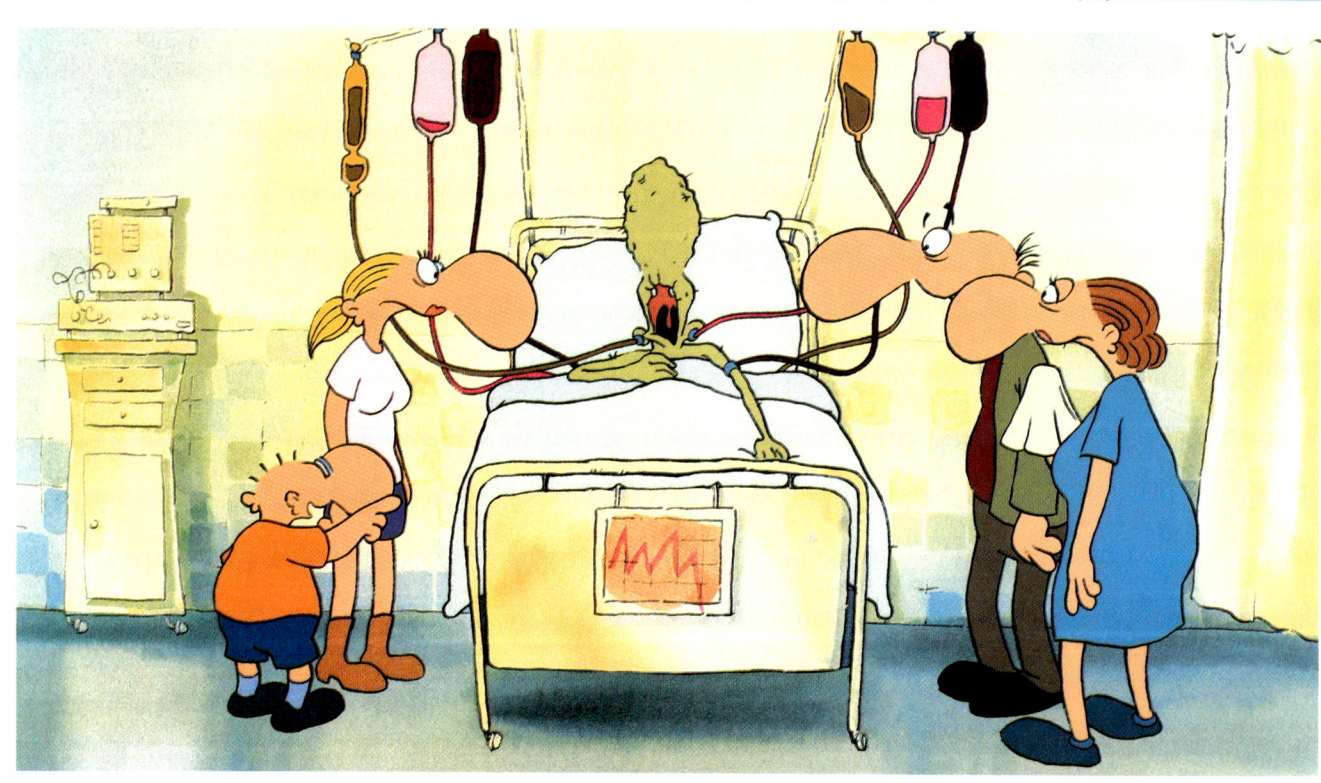

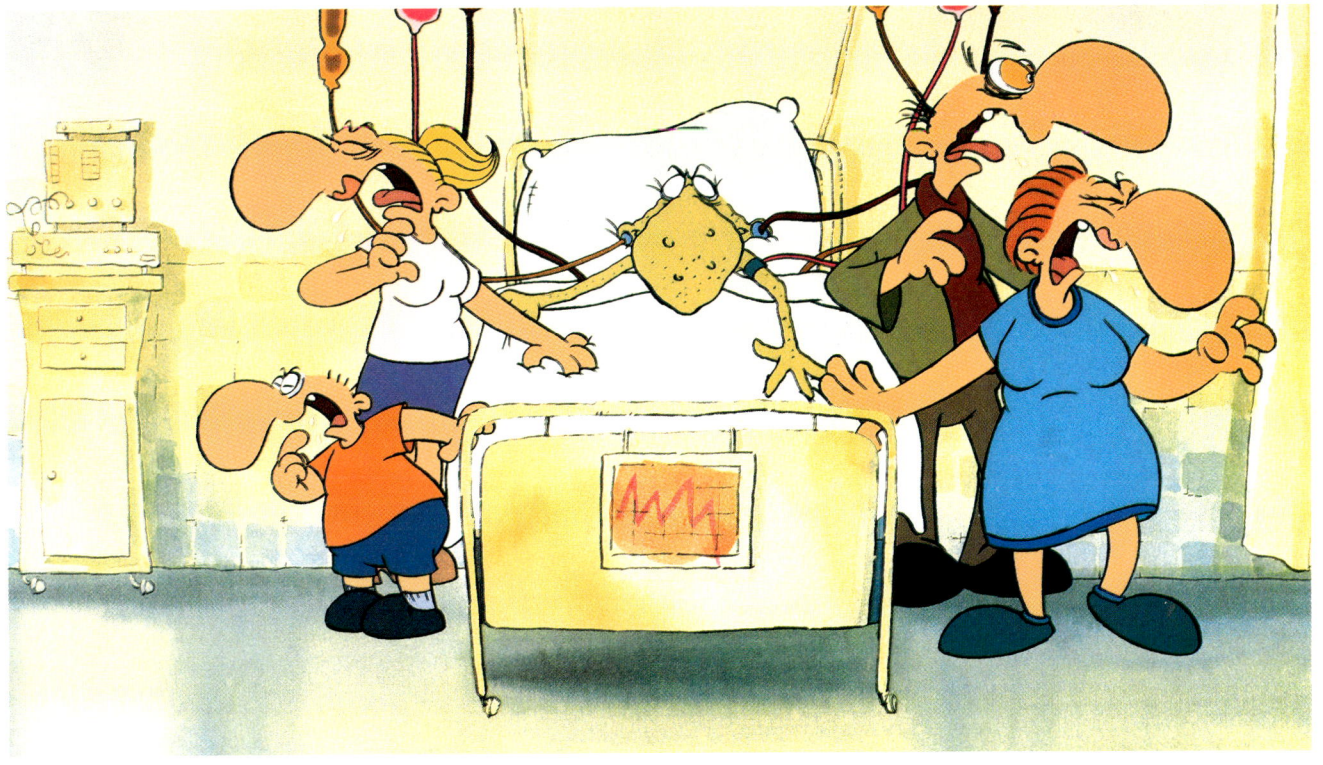

## Aus Peppis Filmgeschichte

Peppi ist der Prototyp des unsympathischen Verlierers. Sein Scheitern ist ebenso unausweichlich wie peinlich. Vorläufer dieses eingefleischten Masochisten waren:

**Jesus (Heiland)** versagte als Mensch und Messias und wurde dafür unter dem Jubel der Menge an Kreuz genagelt.

**Cliff Barnes (Ken Kercheval)** war der ewige Verlierer in Dallas. Seine Opferqualitäten waren enorm – man konnte ihn gar nicht genug leiden sehen.

**Berti Vogts (Terrier).** Wegen ihm konnte man sich eigentlich gar nicht über die Europameisterschaft freuen. Ähnlich wie bei Peppi denken viele, er sei eigentlich nur ein elender Kriecher und Speichellecker.

Mit **Konstantin Wecker (Schneemann)** teilt Peppi die verhängnisvolle Liebe zu bewußtseinserweiternden Drogen.

**Draculas Dog.** Dieser viel zu weit entfernte Verwandte hat leider keinen Einfluß auf Peppis Gene gehabt. Dafür fehlen ihm Biß und Killerinstinkt.

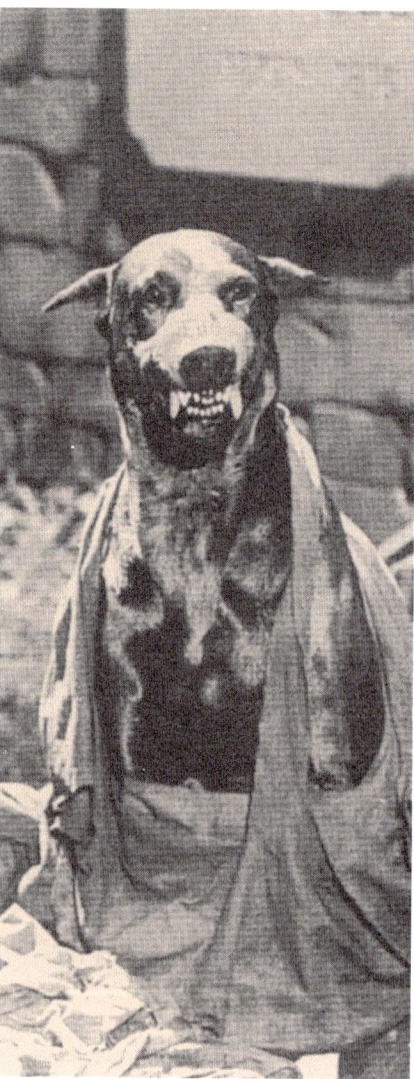

Die Parallelen zwischen **Rudolf Scharping (Totalversager)** und Peppi sind mehr als offensichtlich.

## Peppi, Peppi, Peppi
## (Du machst mich so happi)

Eine Hundepfeife flötet.

K.A.:     Peppi! Peppilein!

Ängstliches Hundewinseln, Hecheln

K.A.:     Aah! Da ist ja der kleine Racker! Hehehe!

Winseln

K.A.:     (räuspert sich) Ehemmm...!

*(singt)*

Du scheißt auf den Gehsteig und nicht auf den Teppich
Du bellst nur ganz selten und hälst sonst den Mund
Du kennst nur ein Wort, und das Wort heißt „Peppi"
Du bringst mir die Zeitung, denn du bist mein Hund!

Du machst für mich Männchen und wäschst mir die Stöckchen
Du bügelst mein Hemd und putzt den Salat
Du machst mir das Frühstück und holst mir das Stöckchen
Auch wenn ich es gar nicht gewo-horfen hab'

>   Peppi, Peppi, Peppi
>   Du machst mich so heppi
>   Peppi, Peppi, Peppi
>   Ich geb es hiermit kund:
>   Peppi, Peppi, Peppi
>   Du machst mich so heppi
>   Peppi, Peppi, Peppi
>   Du bist mein blöder Hund

*(spricht)*

Sag mal, Peppi, wußtest du eigentlich, daß Hunde die einzigen Lebewesen sind, die Drogen aufspüren, um sie dann den Bullen zu geben? So dämlich wäre kein anderes Tier... nichtmal ein Wurm... hehe...

*(singt wieder)*

Du kannst „bitte" machen und platzt auf Kommando
Du springst für mich gern aus dem siebzehnten Stock
Wärst Du ein Mensch, dann hießest Du Ghandi
Du wärst bei den Grünen und hörst Kuschelrock

Du gingst für mich gerne auf glühenden Kohlen

Du würdest mich wählen zum Herrchen der Welt
Du läßt dir von mir gern den Hintern versohlen
Und hättest du welches, gäbst du mir dein Geld

>   Peppi, Peppi, Peppi
>   Du machst mich so heppi
>   Peppi, Peppi, Peppi
>   Ich geb es hiermit kund:
>   Peppi, Peppi, Peppi
>   Du machst mich so heppi
>   Peppi, Peppi, Peppi
>   Du bist mein blöder Hund

*(spricht)*

Hunde sind auch die einzigen Lebewesen, die Zuhälter und Neonazis die Zeitung nachtragen... gibt dir das nicht irgendwie zu denken, Peppi...? Ich meine, ihr seid die Tierrasse, die am meisten Zeit mit pinkeln verbringt... kein Wunder, daß ihr es beruflich nicht über den Blindenhund hinaus gebracht habt...

*(singt)*

Du glaubst nicht an Gott, nein, du glaubst nur ans Herrchen
Du glaubst, daß der Himmel ein Napf Chappi ist
Du läßt dich mit Knochen aus Gummi verarschen
Am glücklichsten bist du nur dann, wenn du pißt

Du scheißt auf den Gehsteig und nicht auf den Teppich
Du bellst nur ganz selten und hälst sonst den Mund
Du kennst nur ein Wort, und das heißt „Peppi"
Du bringst mir die Zeitung, denn du bist mein Hund!

>   Peppi, Peppi, Peppi
>   Du machst mich so heppi
>   Peppi, Peppi, Peppi
>   Ich geb es hiermit kund:
>   Peppi, Peppi, Peppi
>   Du machst mich so heppi
>   Peppi, Peppi, Peppi
>   Du bist mein blöder Hund

*(spricht)*

Na und, Peppi, wie hat's dir gefallen... (gequältes Winseln)... braver Hund! Jaa... so ist brav! (plötzlich schärfer) Jetzt sitz, Peppi, SITZ! PLATZ! HOL'S STÖCKCHEN! FASS! SITZ! AUS! PLATZ! KOTZ! HOL'S STÖCK-CHEN! Haha... jetzt bist du ganz durcheinander, was Peppi...? (gequältes Winseln)... (immer leiser werdend)... braaaav, Peppi, brav... SITZ! FASS! PLATZ! Hahaha...

## Aus dem Tagebuch eines Arschlochs

*Es ist nun an der Zeit, diesen ereignisreichen Tag zusammenzufassen! Das Schulfest ist vorbei, und ich kann behaupten, daß meine künstlerischen Aktionen ihre Wirkung nie verfehlt haben. Es war eine dieser Nächte, in denen alles passieren kann. Die Luft war heiß und feucht wie eine schöne junge Frau. Der Himmel hing voller Sterne, der Mond leuchtete wie ein Wegweiser in eine bessere Zukunft. Die Aula war bis auf den letzten Platz ausverkauft. Knisternde Spannung lag in der Luft. Es konnte beginnen.*

**K.A.:** Guten Abend, meine Damen und Herren. Ich begrüße Sie zum diesjährigen Schulfest des Adolf-Hitler-Gymnasiums! Äh, 'schuldigung, des Albert-Schweitzer-Gymnasiums. Leider muß unser musikalischer Beitrag, ein Auftritt von mir und meiner Band, aus gesundheitlichen Gründen entfallen. Ich werde deshalb das Programm weitgehend alleine gestalten.

Aber bevor es losgeht, möchte ich mich bedanken. Zuerst bei meiner Mutter, ohne die ich nicht hier stehen würde, ohne die ich nichts anderes wäre als einer von vielen Millionen Samenfäden in den Hoden meines Vaters. Danke, Mutter! Ich danke ferner den Lehrkräften dieses Instituts für die Fackel der Weisheit, die sie an mich weitergegeben haben, und für ihre Geduld. Danke, Lehrkräfte!

**Mutter:** Das ist unser Sohn!

**Vater:** Ja, unser Sohn ist das!

*Das satte Bildungsbürgerpublikum wiegte sich in Sicherheit und wartete träge auf weitere unterhaltsame Harmlosigkeiten. Jetzt konnte ich die Daumenschrauben anziehen. Hinter dem Vorhang wechselte ich das Kostüm...*

*... Dann trat ich in das grelle Scheinwerferlicht und sprach:*

Gelassen ließ ich diese gezielte Provokation im Saal nachzittern. Mein Elchkostüm tat zusätzlich seine irritierende Wirkung. Damit hatten sie nicht gerechnet! Durch den Einsatz surrealer Elemente durchbrach ich ihre kulturelle Konsumlethargie und weckte die Konfliktbereitschaft der Zuschauer. Dann setzte auch langsam die Wirkung der Drogen ein. Ha-ha. Die vergnügungssüchtigen Erwachsenen hatten sich den ganzen Abend an der kostenlosen Waldmeisterbowle delektiert, ohne zu ahnen, daß ich sie mit einigen interessanten Chemikalien angesetzt hatte. Ich wußte, daß dieser Abend was ganz Besonderes werden würde, als unsere Religionslehrerin, Fräulein Blachy, den gesamten männlichen Lehrkörper zur Schwanzparade aufforderte.

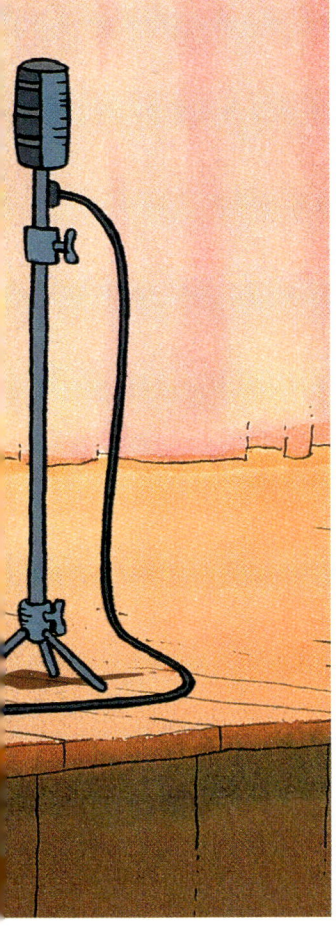

*Der Siegeslorbeer für die Darstellung innovativer Sexualtechniken gebührte ohne Zweifel meinem Großvater. Er konnte sogar zeitweilig wieder gehen! Das war der Augenblick, auf den ich gewartet hatte. Nackt, wie Gott mich schuf, trat ich ans Mikrophon und rief eine neue Zeit aus:*

FRIEDE DEN HÜTTEN – KRIEG DEN PALÄSTEN!

Alle:   FRIEDE DEN HÜTTEN – KRIEG DEN PALÄSTEN!
FRIEDE DEN HÜTTEN – KRIEG DEN PALÄSTEN!

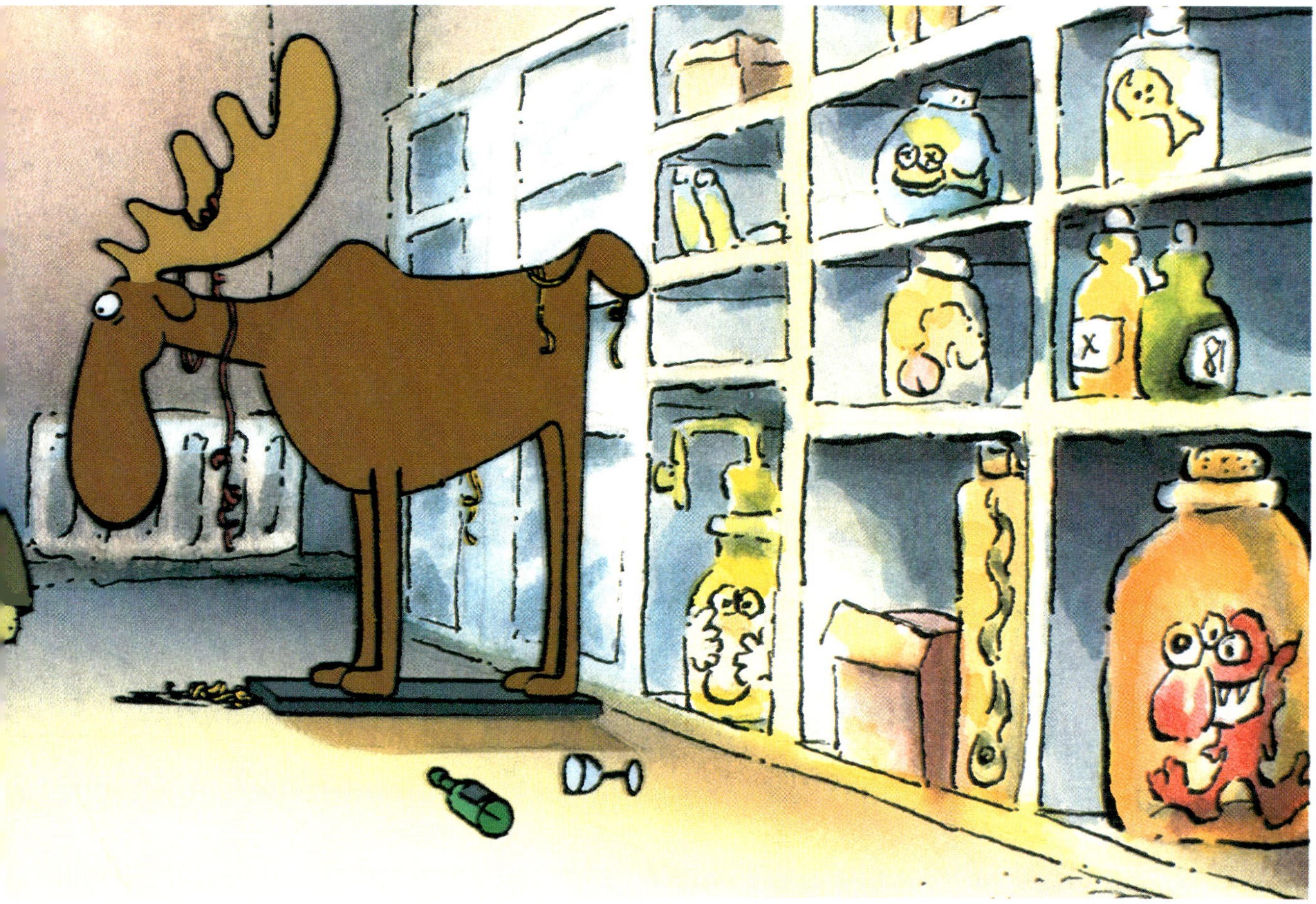

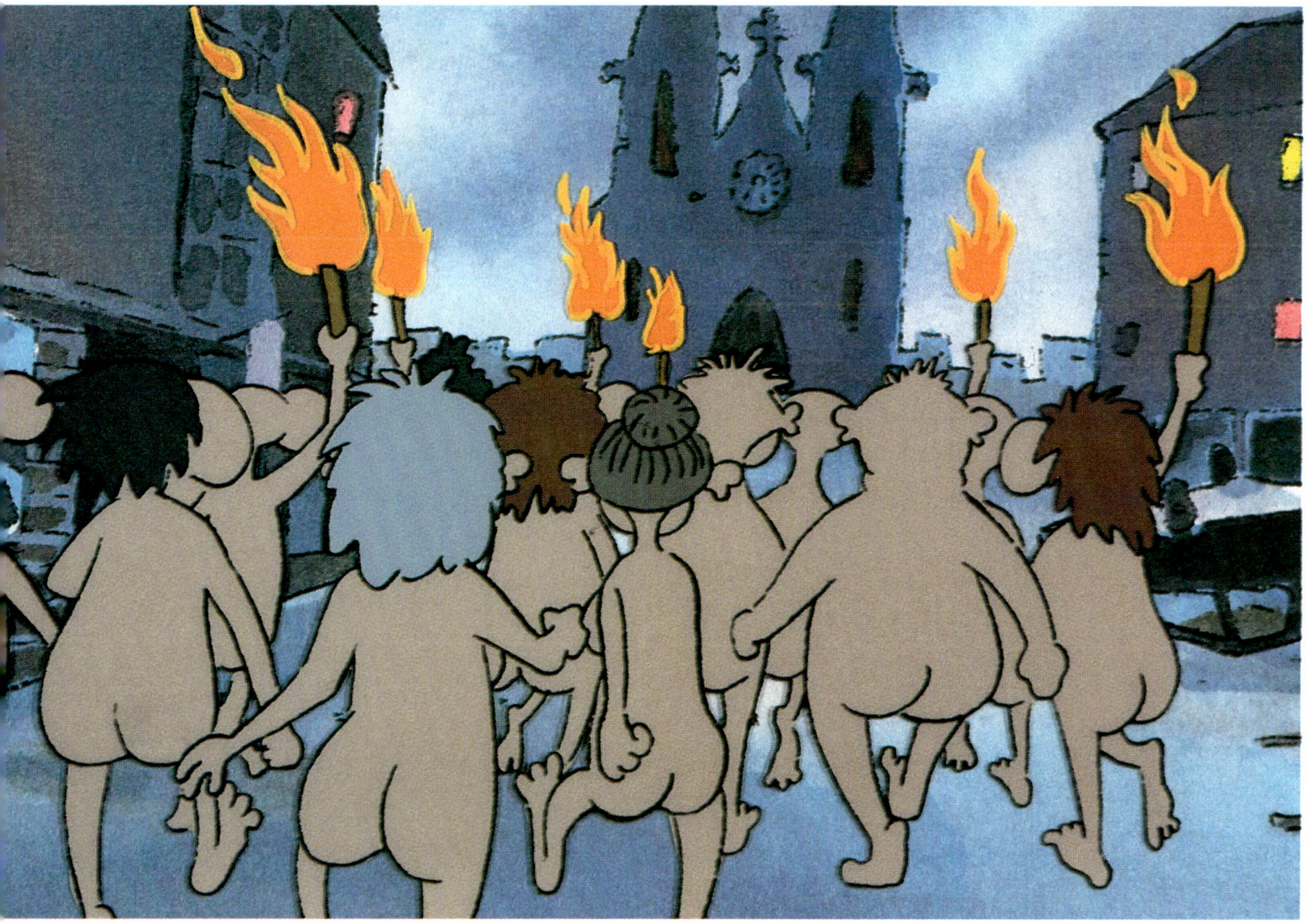

Zuerst war natürlich unsere Schule selbst dran. Herr Professor Dr. Seebald, unser Direktor, ließ es sich nicht nehmen, höchstpersönlich Hand anzulegen.

Schließlich stürmten wir die Kathedrale am Marktplatz. Als größtes Bauwerk der Stadt schien sie mir am geeignetsten, um auf ihrem Dach das Transparent mit unseren politischen Forderungen zu entrollen.

*Dann erschienen leider die Ordnungskräfte. Wir wehrten uns verzweifelt, aber durch den massiven Einsatz von Regierungstruppen konnte unsere Rebellion erstickt werden. Nur Großvater leistete bis zum Schluß erbitterten Widerstand. Sie brauchten eine Spezialeinheit vom Bundesgrenzschutz, um ihn davon abzuhalten die Kirchenglocke zu befruchten. Solange die Drogen wirkten, sangen die Eltern und Lehrer selbst in Polizeigewahrsam ungebrochen Freiheitslieder. Diese liberale Haltung sollte sich am nächsten Tag allerdings dramatisch ändern. Auf einmal hatten meine Eltern wenig Verständnis für meine radikalen Ansichten. Als wir dem Haftrichter vorgeführt wurden, zeigten sie ihr wahres bourgeoises Gesicht.*

**Richter:**   Ist das Ihr Sohn?

**Eltern:**   Ab heute nicht mehr!

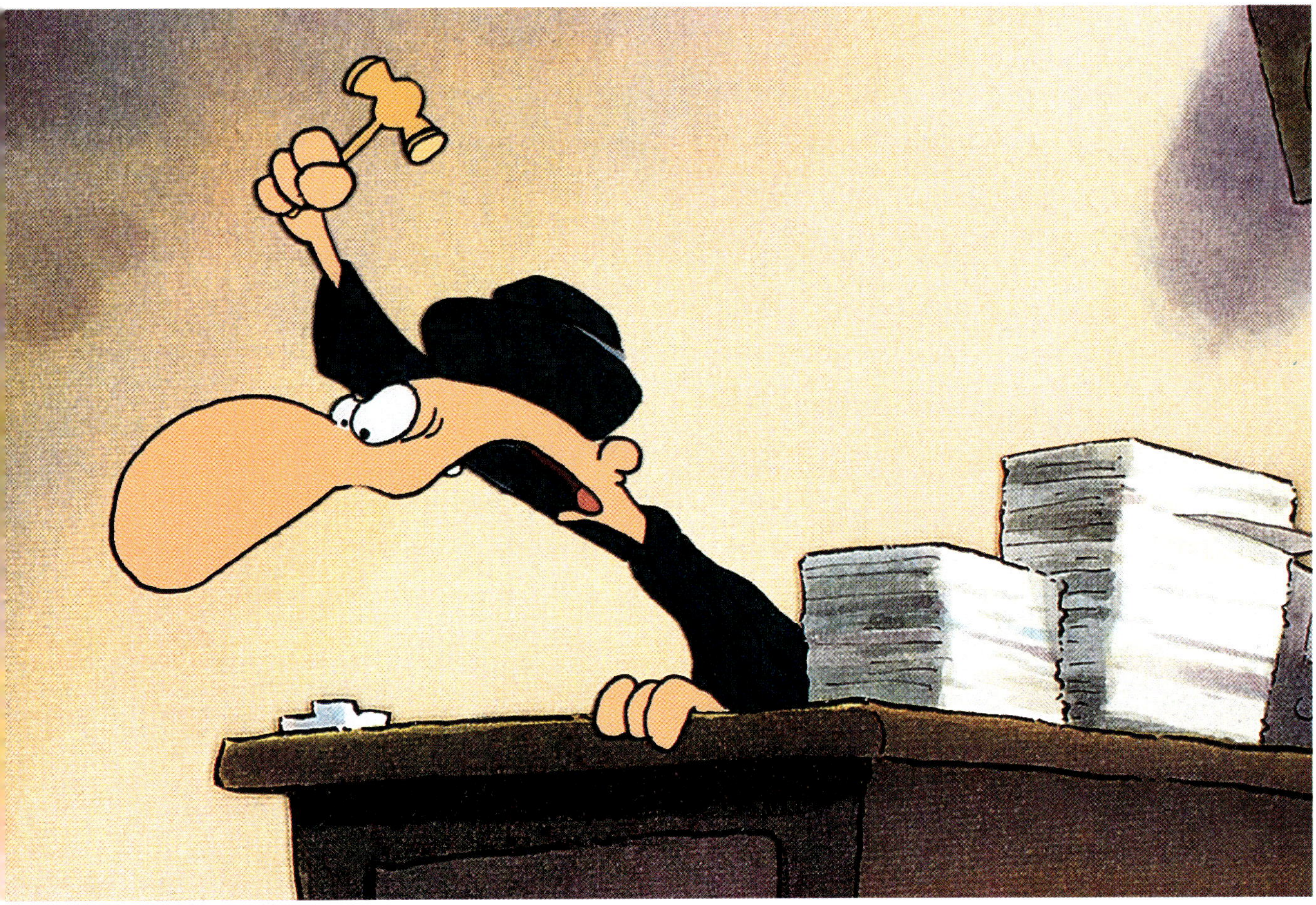

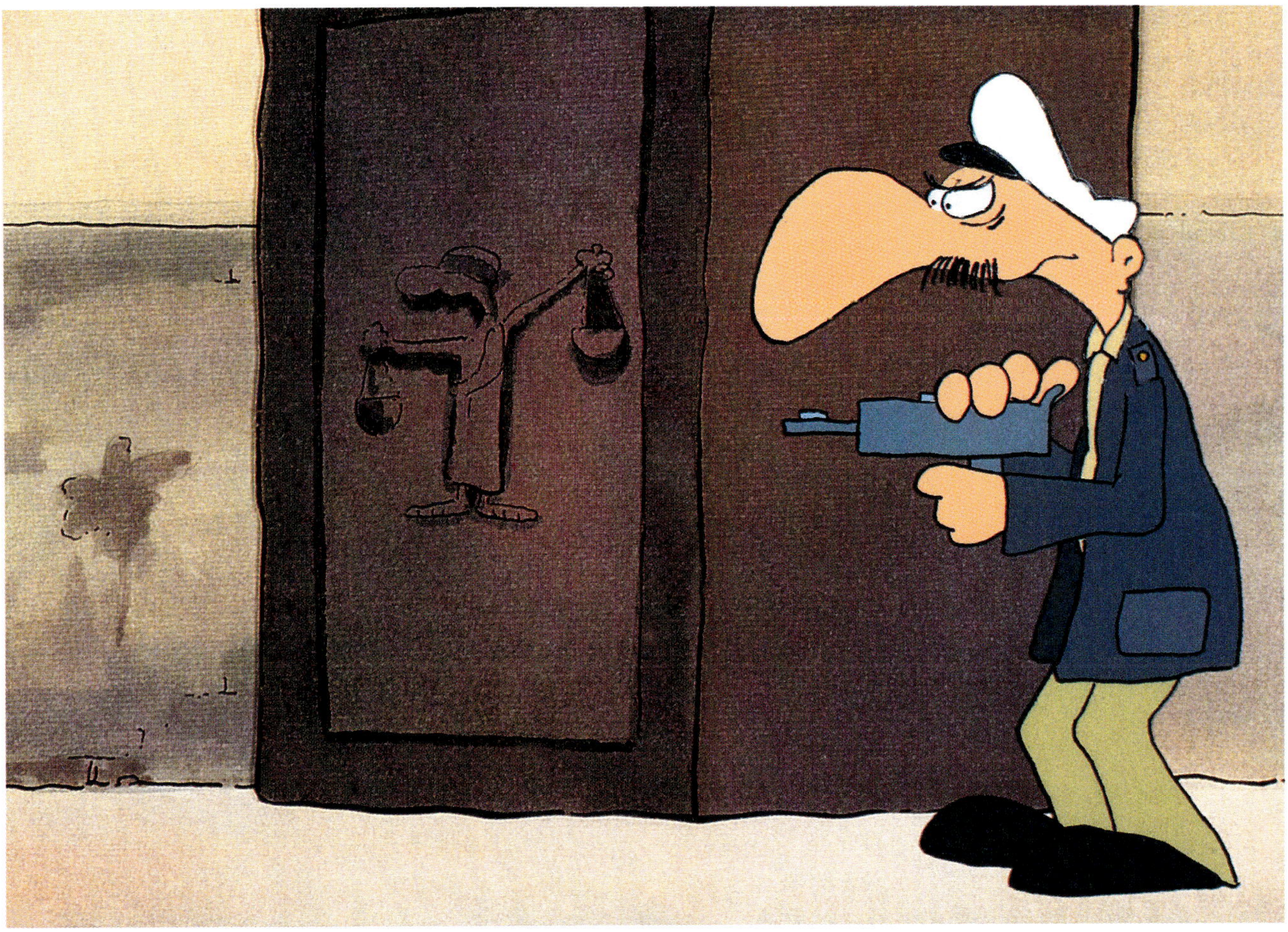

## Das Ende der Revolution

*Und so endet hier ein weiterer ereignisreicher Tag in meinem Rebellendasein. Einiges wurde getan, vieles blieb noch unerledigt, aber ist das Leben nicht wie ein Mosaik? Erst mit dem letzten Stein fügt es sich zu einem Ganzen.*

## Kleines Arschloch, darfst nicht traurig sein

*Schlußszene:*

Das Kleine Arschloch sitzt auf einer Pritsche im Jugendgefängnis. Kamerafahrt vom Kleinen Arschloch weg zum Zellenfenster hinaus, dann Schwenk über die ganze Stadt und die Stätten der Verwüstung, die das K.A. hinterlassen hat. Dazu singt der Alte Sack und begleitet sich selbst auf einem Instrument seiner Wahl:

> Kleines Arschloch, darfst nicht traurig sein
> Kleines Arschloch, du bist nicht allein
> Kleines Arschloch, fasse Mut
> Es wird alles wieder gut!

*(nicht gesungen, sondern gesprochen:)*

Das heißt... eigentlich sollte man dir deinen kleinen fetten Hintern vertrimmen, du... fieser Zwerg!... Ich hab' genau gesehen, wie du in meinen Orangensaft gehustet hast, als du die Darm-Grippe hattest... ich geb' dir nicht schnell genug den Löffel ab, stimmt's?... Aber da kannst du warten, bis du schwarz wirst... mit 'nem Gehirntumor im Kopf geh' ich noch lange nicht nach Hause...

*(singt wieder)*

> Kleines Arschloch, mußt nicht traurig sein
> Kleines Arschloch, du bist nicht allein
> Kleines Arschloch, heb' den Kopf
> Hörst du, wie das Glück anklopft?

*(spricht)*

Ist mir doch scheißegal, wer bei dir anklopft... hoffentlich das Jugendamt... hähä... dann kommst du ins Heim... Jawohl! Ins Jugendheim! Hähähä!... Glaub' ja nicht, daß ich vergessen hab', wie du den Knoten in meinen Katheterschlauch gemacht hast... du kleine Mistratte... davon brummt mir heute noch die Prostata... aua... aua...

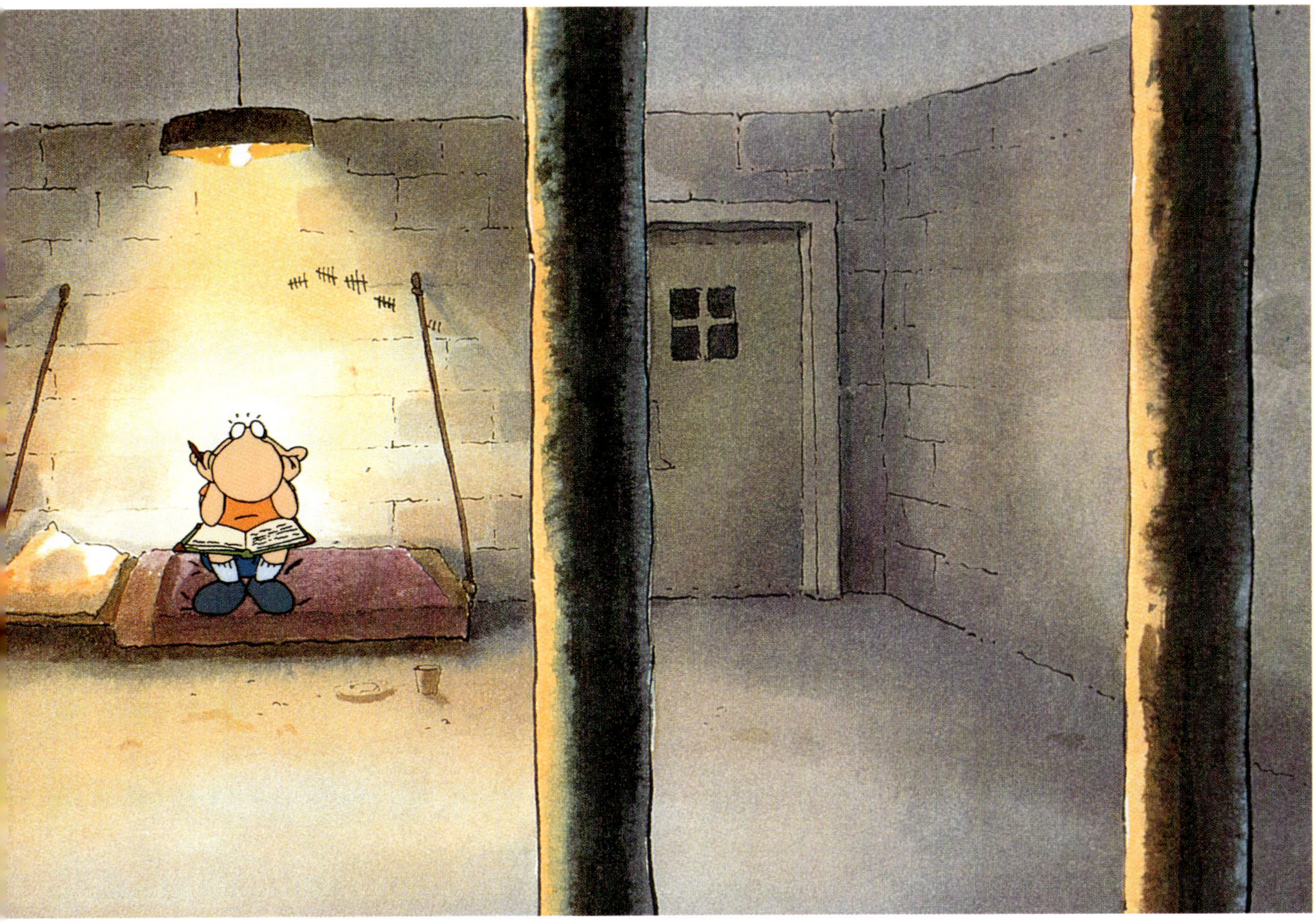

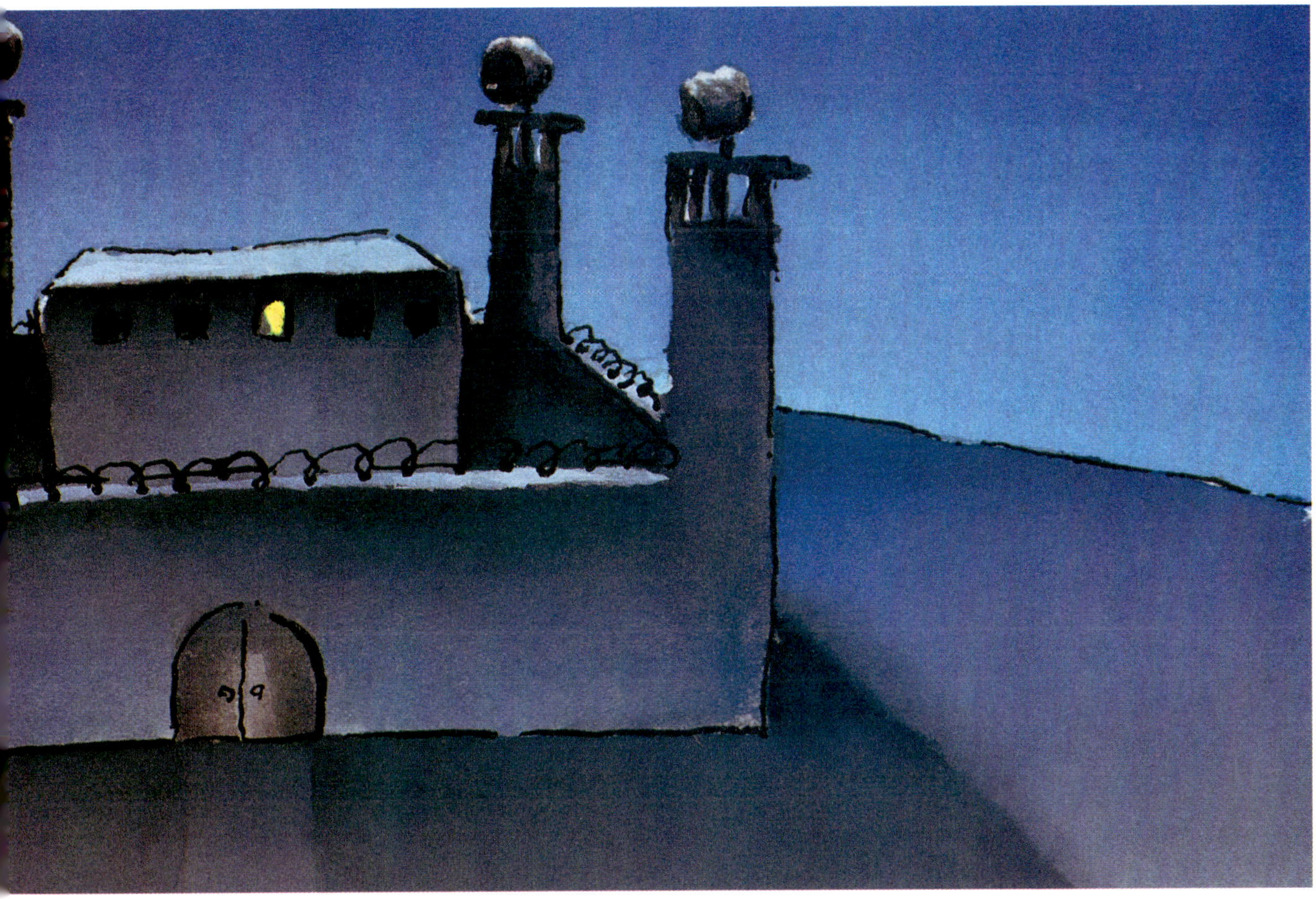

*(singt)*

> Kleines Arschloch, mußt nicht traurig sein
> Kleines Arschloch, du bist nicht allein
> Kleines Arschloch, darfst nicht weinen
> Bald wird die Sonne wieder scheinen.

*(spricht)*

Das Alter hat auch Vorteile... man kriegt suchterzeugende Drogen auf Krankenschein... man kann nicht mehr jung sterben... Mein Orgasmus dauert jetzt zweieinhalb Stunden – ohne Samenerguß!... Man hat Zeit für Hobbies... Röntgenbilder sammeln... und tauschen... Man kann Freunde besuchen... auf'm Friedhof... äh... aus'm Fenster kucken... ganz lange... *(plötzlich lauter)* Ich weiß genau, wer die Bremsklötze an meinem Rollstuhl abgemacht hat! Du kleines Arschloch!

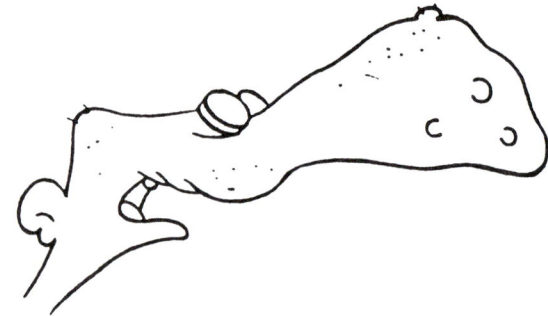

*(singt)*

> Kleines Arschloch, darfst nicht traurig sein
> (Nein, sei nicht traurig, Kleines Arschloch)
> Kleines Arschloch, du bist nicht allein
> (Nein, du bist niemals allein)
> Kleines Arschloch, sei jetzt stark
> (Du mußt jetzt sehr stark sein)
> Morgen ist ein neuer Tag!

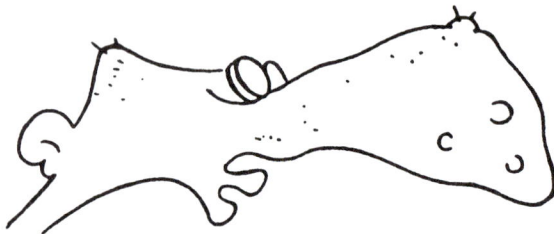

*(spricht)*

Ja, wo du dir neue Ferkeleien ausdenken kannst, du kleiner Sausack! Wie damals, wo du mein Heroin mit Niespulver verschnitten hast! Ich hab' drei Monate im Koma gelegen! Und dann hast du auch noch das Lachgas ans Sauerstoffzelt angeschlossen... Ich sollte dir eigentlich

den Hals umdrehen... Aber du hast ja gar keinen Hals... du kleiner fetter Bastard!... *(fängt an zu lachen)* Hähähä! Hähä! *(Immer lauter)* Hähäähäää! Hääää! *(verschluckt sich vor Lachen, fängt an zu husten)* Ächä! Ächä! *(röchelt)* Hääách! Hääách! *(immer unappetitlicher)* Hääächähäch! Hääääääääääch... *(usw, langsam wegblenden.)*

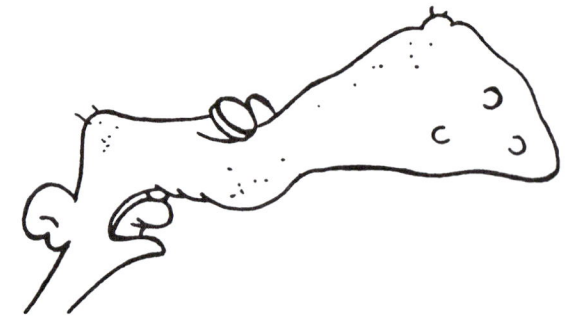

HannoHuth präsentiert eine Senator Film Produktion „Kleines Arschloch" · Drehbuch und Songtexte - Wa
Company, Berlin · Herstellungsleitung - Jo Hahn, Herstellungsleitung Senator Film Produktion - Stefaan Sc
Schaack und Veit Vollmer · **Sprecher:** Kleines Arschloch - Kleines Arschloch, Arne Elsholtz - Vater, Katharin
schwester (Fettsuppe), Karl-Heinz Grewe - Priester/Blinder/Patient, Helge Schneider - Großvater, Monty
**GmbH (Hamburg), TCB TOON COMPANY (Berlin):** Post- & Preproduction - Sascha Wolff, Sprachregie -
le Völke/Athol Henry/John Martin/Greg Ingram, Layout Supervisor - Marcus Hoogveld/Tobias Genkel, Layo
thias Lechner/Christian Puille/Robert Schlunze/Walter van Gasse, Charakter Design - Mark Bröcking/Colur
Backgroundabteilung - Robert Brandt/Rick Ellis/Jacob Kircheim/Marcel Petry, Background Best Boy - Tho
Baudoin de Courtenay/Antonio Campiglio/Ursula Don/Claude Halter/Greg Ingram/John Lee/Plotr Morav
Burke, Animation Assistenz - Oliver Acker/Sükrü Balazünbül/Conny Boermann/Calle Claus/Shane
Podlawska/Anna Takacs/Peter Takacs/Katrin Teichler/Aygün Völke, Inbetweener - André Junker/Montserat
pot, Special Effect Supervisor - Michael Eckbladh, Special Effects - Rober Byrne/Dag Hornig, Set Design
Fischer/Jean Jalbert/Dagmar Weisbach, Overseas Supervisor: Animation - Claus Dzalakowski/Eckart Fingbe
Eckbladh, Kamera - Graham Tiernan, Linetest - Fernando Figoli, Avid Operator - Holger Jass/Quentin Bruh
Stephan Konken, Musik gespielt von: Time Rocker Band/Space Brass Section, Chor - Time of Roses, Technis
ke, Produktionskoordinator - Uli Zumsande, Buchhaltung - Karin Brandt/Eric Helms, Runner - Ion Casad
Lange/Meike Neufahrt/Stefan Pertschi/Florian Ritter/Kirsten Rusche · **STARDUST PICTURES (London):**
mation - Christos Dimos/Dave McFall/Katerina Manolessou/Simon Ward-Horner/Darren Vandenburg
Kremasioti/David Parle/Helene Charnet/Rowena Marella-Daw/Venessa Henderson/Charalampia Sfyri/Eric
Haralambous/Tom Gleave · **MORNING SUN (Shanghai):** Key Animators - Billy/Ricky/Richard/J.V.C./Jer
Inbetweener - Zhang Aijun/Shao Weiqin/Sun Qlqi, Animation Check - Shi Wenwei, Ink & Paint - Gao Qian/Z
**LA PRODUCTION (Manila):** Posing - Lorna Santos-Sun/Jojo Badiola/Daniel Obligar · **WANG FILM PR**
mation Supervisor - Sharon Iluang, Animator - Alice Ilou/Marian Lin/Rita Liao/Connie Ko//Emma Che
Animation Assistenz Supervisor - Duck Maa/Hope Deng, Animation Assistenz - Gina/Jill Lin/Meei-Jinan Ya
Lee/Wu Lion/Kuo Chen, Animation Check - Dana Wu/Lotus Yang/Archer Chang/Sugar Wu/Jasmine Hsich,
Layout - Nathalie Legrand, Animatoren - Sophia Kolokouri/Marc Wasik/Gilles Rudziak/Régine Waleffe/Th
Filmed on location in the Grand-Duchy of Luxembourg (Europe) under the Audio-visual Certificate Progra
Hamburg GmbH· © Senator Film Produktion GmbH 1997 · Der Film basiert auf Episoden aus den Bücherr

· Musik – Wolfgang v. Henko · Schlußsong – Helge Schneider · Herstellung – Trickompany, Hamburg/Toon
rhard von Halen · Ausführender Produzent – Michael Schaack · Produzent – Hanno Huth · Regie – Michael
nn – Mutter/Krankenschwester (Aufnahme)/Krankenschwester Ursula, Claudia Lössel – Schwester/Kranken-
iftzwerg Erwin, Erik Schäffler – Giftzwerg Heinz, Reinhard Krökel – Giftzwerg Kalle · TFC Trickompany
chaack, Produktionsassistenz – Dirk Bertram/Claudia Gotthardt, Storyboard-Artists – Christian Puille/Nico-
– Robert Brandt/Volker Collmann/Hans Devolder/Wouter Dierickx/Adalbert Korona/Simone Lemcke/Mat-
rop Design – Eddie Haan, Head of Backgroumd – Christoph Baum, Background Supervisor – Petra Kolitsch,
el, Animation Supervisor – Claus Dzalakowski/Eckart Fingberg, Animatoren – Adrienne Bell/Peter Bohl/Jan
n Müller/Ansgar Niebuhr/Jens Päkel/Börge Ring/Rüdiger Scholz, Animation Assistenz Supervisor – Colum
Andrea Czedula/Carlos Coronel/Till Dröscher/Daniel Feuerhake/Katja Klein/Ansgar Niebuhr/Helena
Martin Sabel/Yann Barberon, Animationscheck – Kieran Cummings/Mark Hodkinson/J.P. Murphy/Jan Phil-
ollmann/Guyla Szabo, Color-Design – Sabine Leiber, Coloration – Özgür Coban/Claudia Gotthard/Andrea
tibal, Assistenz – Adrienne Bell/Walter van Gasse, Backgrounds – Christoph Baum, Special Effects – Michael
arbeitung: Synchrongeräusche – Arne Dammann, Special Effects & Vertonung – Michael Andreas, Mischung –
ng – Thorsten Lehmann, Filmgeschäftführung – Ulfo Münster, Studio Berlin – Stephan Schesch/Gaby Hisch-
Matejic/Tom Wodak, Auszubildende – Anne-Sophie Gacon/Sandra Ley, Praktikanten – Fiona Halket/Melanie
roducer – Pangiotis Rappas, Production Supervisor – Jon Wigfield, Sequence Director – Denis Couchon, Ani-
y/Kim Stephenson/Tony Tulipano, Head of Clean-Up – Mike Pfeil, Animation Assistenz – Aikaterini
ou/Roman Ostir/Spyros Verykios, Special Effects Assistenz – George Moschonas, Produktionsassistenz – Chris
on/Paul/Tank/Sterling/Panda/Peter, Model Check – Hu Lei/Zhang Wie, Inbetween Check – Cai Xiongwen,
i/Zhu Meidi/Zhang Pin/Chen Tan, Final Check – Mao Wie, Camera – Tang Jun/Wang Rong · TOON MANI-
ONS CO., LTD. (Taiwan): Animation Manager – George Chang, Animation Producer – Stephanie Liao, Ani-
i/Dragon Lay/Leei Yang/Sparky Chen/Jhon Chu/May Chang/Fran Tsai/Martin Lu/Stan Ma/Trista Chen,
ang/Daniel Linn/I-Chen Chou/Ken Ho/Liz Shiao/Orson Yuann/Jaw-Kuo Wang/Muran Chen/Sugar Li/Jacy
y – Fenny Ho, Background Supervisor – Nicky · THIERRY SCHIEL & S.K. STUDIO S.A. (Luxembourg):
el/David Degrande, Animation Assistenz – Pascale Anen/Véronique Nisen/Anna Dinis/Vincianne Hubert ·
gestellt mit Mitteln der Filmboard Berlin-Brandenburg GmbH/Filmförderungsanstalt, Berlin/Filmförderung
Arschloch/Das Kleine Arschloch kehrt zurück!/Der Alte Sack/Schöner Leben mit dem Kleinen Arschloch

## Bedeutende Arschloch-Filme
## (unvollständiges Verzeichnis)

Angst essen Arschloch auf
(Rainer Werner Fassbinder)

Krieg und Arschloch (King Vidor)

Das große Arschlochfressen (Bernardo Bertolucci)

Das Arschloch aus einer anderen Welt (Howard Hawks)

Vom Winde verweht (Victor Flemming)

Little Big Asshole (Arthur Penn)

Ein Arschloch in Paris (Vincente Minelli)

Bonjour Arschloch (Otto Preminger)

Die sieben Kampfarschlöcher des Todes (Ting Chung)

Das bewegte Arschloch (Sönke Wortmann)

Bringt mir das Arschloch von Alfredo Garcia
(Sam Peckinpah)

E.T. (Extra-terrestial Asshole) (Steven Spielberg)

Ansichten eines Arschlochs (Voytech Jasny)

Der Club der toten Arschlöcher (Peter Weir)

Sieben Arschlöcher und ein Todesfall (Mike Newell)

Der Arschlochexorzist I (William Friedkin)

Der Arschlochexorzist II (John Boorman)

Der Arschlochexorzist III (William Blatty)

Asshole Day (Roland Emmerich)

Das verlorene Arschloch der Katharina Blum
(Volker Schlöndorf)

Das linkshändige Arschloch (Wim Wenders)

Das bleierne Arschloch (Margarethe von Trotta)

Der große Blonde mit dem schwarzen Arschloch
(Yves Robert)

9 1/2 Arschlöcher (Adrian Lyne)

Easy Arschloch (Dennis Hopper)

Die dritte Arschlochgeneration
(Rainer Werner Fassbinder)

Der diskrete Charme der Arschlöcher
(Luis Buñuel)

Assholeworld (Kevin Costner)

Im tiefen Tal der Superarschlöcher (Russ Meyer)

Paris... Arschloch (Wim Wenders)

Für eine Handvoll Arschlöcher mehr (Sergio Leone)

Die sieben Arschlöcher (Akira Kurosawa)

Dr. Schiwarschloch (David Lean)

Der Mann, den sie Arschloch nannten (Elliot Silverstein)

Das Arschloch, das Liberty Valence erschoß (John Ford)

Der König der Arschlöcher (Roger Allens)

Arschlöcher küßt man nicht (Howard Hawks)

Das Arschloch im Zug (Alfred Hitchcock)

Cocktail für ein Arschloch (Alfred Hitchcock)

Ein auswertiges Arschloch (Billy Wilder)

Zärtliche Arschlöcher (David Hamilton)

Das Schweigen der Arschlöcher (Jonathan Demme)

Szenen einer Arschlochehe (Ingmar Bergmann)

Was Sie schon immer über Arschlöcher wissen wollten
(Woody Allen)

Schneewittchen und die sieben Arschlöcher
(Walt Disney)

Stille Tage im Arschloch (Jens Jorgen Thorsen)

Die 39 Arschlöcher (Alfred Hitchcock)

King Kong und das weiße Arschloch
(Ernest B. Schoedsack)

Das weiße Arschloch (Steven Spielberg)

Unheimliches Arschloch der dritten Art
(Steven Spielberg)

Wer das Arschloch stört (Robert Mulligan)

Die Katze auf dem heißen Arschloch (Richard Brooks)

Die Meuterei auf dem Arschloch (Frank Lloyd)

Tanz der Arschlöcher (Roman Polanski)

Der Engländer, der auf einen Hügel stieg und von einem
Arschloch herunterkam (Christopher Monger)

Natural born asshole (Oliver Stone)

Full metal asshole (Oliver Stone)

Dr. Seltsam oder wie ich lernte, das Arschloch zu lieben
(Stanley Kubrick)

Das Arschloch Jonathan (Hall Bartlett)

101 Arschlöcher (Wolfgang Reithermann)

Kindergarten Arschloch (Ivan Reitmann)

Das Fenster zum Arschloch (Alfred Hitchcock)

Die oberen zehntausend Arschlöcher (Charles Walters)

Lawrence von Arschloch (David Lean)

Das Arschloch-Syndrom (James Bridges)

Arschlöcher und andere Kleinigkeiten (Woody Allen)

Guck mal, welches Arschloch da spricht
(Amy Heckerling)

2001 Odyssee im Arschloch (Stanley Kubrick)

Harold und Arschloch (Hal Ashby)

Arschloch Academy I (Hugh Wilson)

Arschloch Academy II (Jerry Paris)

Arschloch Academy IV (Jim Drake)

Krieg der Arschlöcher (George Lucas)

Die Rückkehr der Jedi-Arschlöcher (George Lucas)

Auch Arschlöcher essen Bohnen (Enzo Barboni)

Das zweite Arschloch der Christa Klages
(Margarethe von Trotta)

Es muß nicht immer Kaviar sein (Gésa von Radványi)

Arschloch allein zu Haus (Chris Columbus)

Das Arschloch, daß zuviel wußte (Alfred Hitchcock)

M – Eine Stadt sucht ein Arschloch (Fritz Lang)

Die 1000 Arschlöcher des Dr. Mabuse (Fritz Lang)

Die Einsamkeit des Langstreckenarschlochs
(Tony Richardson)

Die Nacht der lebenden Arschlöcher (George Romero)

Er: „Ich schau Dir in die Augen, kleines Arschloch!"
Sie (denkt): „Mal was anderes..."

## Walter Moers – zur Person

Walter Moers war nach eigener Aussage 1989 Deutscher Meister im Vollkontaktkarate, hat bei guter Witterung einen Intelligenzquotienten von 180, spricht zwölf verschiedene Sprachen und diverse Stammesdialekte, war viermal verheiratet und zeugte zwölf uneheliche Kinder, die alle außergewöhnliche Begabungen zeigen, bis hin zur Telepathie. 1984 gewann er in Kobe (Japan) die japanische Meisterschaft im Zen-Bogenschießen.

Er gilt als brillanter Barock-Gitarrist und hat einen Stimmumfang von vier Oktaven. In seiner Freizeit komponiert er dodekaphone Synphonien für 1000-köpfige Orchester. Eine Karriere als Organverpflanzer brach er vorzeitig ab, um für einige Jahre zur Fremdenlegion zu gehen, dann tauchte er in der ehemaligen DDR als Meisterspion wieder auf, um die Mauer zu Fall zu bringen. Danach ein Jahr Meditation in einem Kloster in Nepal. Anschließend erste Mount-Everest-Besteigung mit verbundenen Augen. 1992 Goldmedaille im Trampolin-Synchron-Springen, dann Schnellstudium der Teilchenphysik. Erstellung einer Logarithmentafel mit 24.000 Unbekannten.

Walter Moers kann 5.000 Weinsorten am Entkorkungsgeräusch erkennen und hat mit 8.000 Frauen geschlafen, viele davon bekennende Lesben und Feministinnen (danach nicht mehr!). 1996 wurde Walter Moers die Weltherrschaft angeboten, aber er lehnte ab, um sein Handicap im Golf zu verbessern.

# ONE SIZE FITS ALL

Mit dem KLEINEN ARSCHLOCH sind SIE immer perfekt angezogen und voll im Trend. Konservative Charaktere bevorzugen die diskrete Kollektion ALTER SACK. Accessoires für Tisch und Bett, Heim und Büro, Küche und Kirche runden das Bild.

Farbkatalog gratis!

Eichborn Verlag.

Kaiserstr. 66.

60329 Frankfurt am Main.

1. Passend für alle Kopfformen, -größen und -inhalte: Strickmütze Kleines Arschloch (Best.-Nr. 11052), auch für Alte Säcke lieferbar (11175).
2. Die pinnen, die Arschlöcher! Emaillierte Metallpins vom Kleinen Arschloch.
3. T-Shirt Alter Sack, Best.-Nr. 11116.
4. Ziggiebox Alter Sack, denn in der Urne ist Rauchen verboten! Best.-Nr. 11184. Außerdem gibt´s die Ziggieboxen Kleines Arschloch (10069) und Orgasmus (11185).
5.+6. Schlüsselanhänger für Schlüsselkinder in Schlüsselpositionen!
7. Die Börs` von Moers: Portemonnaie Kleines Arschloch, Best.-Nr. 11080.
8.+11. Auch für Nichtboxer hervorragend geeignet: Die Boxershorts mit fünf verschiedenen Motiven.
9.+10. Voll für die Füße: Unser letztes Gesocks! Socken mit verschiedenen Motiven.
12. Feinstes Moersner Porzellan: Tasse K.A. (11076) und Tasse A.S. (11077).
13. Schülermäppchen, auch als Kulturbeutel einsetzbar, Best.-Nr. 11102.
14. Ein Herz für Raucher: Aschenbecher A.S. (11095) und Aschenbecher K.A. (10068).
15. Krawatte K.A. (11049) und zum Wechseln gibt´s auch die Krawatte A.S. (11176).
16. Gut behütet durch den Lebensabend mit der Kappe A.S. (11174), für die jüngere Generation auch als Kappe K.A. (11002) und Little Asshole (11139).
17. Spricht für sich: T-Shirt »Ich bin stolz ein Arschloch zu sein« Best.-Nr. 10071.

Models: Horst & Horst, Foto: Jan Lauer